NEGÓCIOS ECO-LÓGICOS
na Era do *Greenwashing*

LÍVIA HUMAIRE

NEGÓCIOS ECO-LÓGICOS
na Era do *Greenwashing*

Copyrigth © 2022 Lívia Humaire

Para mais informações, por favor, acesse
https://creativecommons.org/licenses/by-nc-nd/4.0

COORDENAÇÃO EDITORIAL
Isabel Valle

EDITORA DE DESENVOLVIMENTO
Katia Calsavara

REVISÕES TÉCNICAS
- No capítulo 5 "GREENWASHING, UMA LICENÇA "VERDE" PARA POLUIR":
Marina Colerato
Letícia Méo
- Sobre plásticos, no capítulo 5 "GREENWASHING, UMA LICENÇA "VERDE" PARA POLUIR":
Ívi Carvalho

ILUSTRAÇÕES
Carlos Urquizar
Tais Urquizar

NORMALIZAÇÃO
Jéssica Cavalcanti

COMO CITAR ESTA PUBLICAÇÃO
Normas APA
Humaire, L. (2022). *Negócios eco-lógicos na era do greenwashing*. Bambual.

Normas ABNT
HUMAIRE, L. **Negócios eco-lógicos na era do greenwashing**. Rio de Janeiro: Bambual, 2022.

Humaire, Lívia

Negócios eco-lógicos na era do *greenwashing* / Lívia Humaire. – Rio de Janeiro: Bambual, 2022.
216 p. : il.

ISBN 978-65-89138-28-0

1. Negócios ecológicos. 2. Transições ecológicas. 3. Negócios de impacto. 4. Empreendedorismo sustentável. 5. Modelo de negócio. 6. Sustentabilidade. I. Título.

CDD 658.408

Elaborada por Jéssica Cavalcanti CRB-4/1828

www.bambualeditora.com.br
conexao@bambualeditora.com.br

Consumismo e competitividade levam ao emagrecimento moral e intelectual da pessoa, à redução da personalidade e da visão do mundo, convidando, também, a esquecer a oposição fundamental entre a figura do consumidor e a figura do cidadão.
MILTON SANTOS

Você tem que agir como se fosse possível transformar radicalmente o mundo. E você tem que fazer isso o tempo todo.
ANGELA DAVIS

A ciência convencional sabe fracionar, analisar e criar novos produtos e novas máquinas. Mas ela não sabe como montar, compor, construir os ciclos e equilíbrios naturais, o inteiro, para que funcione.
ANA MARIA PRIMAVESI

Dedico este livro a todas e todos os ativistas socioambientais que se esforçam e, infelizmente, arriscam suas vidas para denunciar as atrocidades sistêmicas contra povos e Natureza. A todas as pessoas que estão na linha de frente, nos territórios, em meio a conflitos e violações lutando por justiça social, climática e pela biodiversidade e ecologia planetárias. Que possamos honrá-los e radicalmente mudar o mundo para que isso acabe. Vocês são estruturas dessas linhas!

AGRADECIMENTOS

Sem dúvida preciso iniciar os meus agradecimentos com um salve especial à minha família, que me suporta todos os dias e arranca de mim qualquer sombra de desânimo diante dos projetos mais loucos aos quais me lanço. Meu marido e minha filha são portos e portais! E também aos meus pais e irmãos, que me deram os alicerces de honestidade e questionamento, estruturas essenciais da minha jornada.

Às amigas e amigos que, sempre ao meu lado, trazem perspectivas diferentes, me fazem exercitar pontos de vista com amor, risadas e taças de vinho virtuais desde 2019, quando deixei o Brasil.

Agradeço a todas as pessoas que participaram diretamente da construção desse livro, em especial Katia Calsavara, Jéssica Cavalcanti e Isabel Valle. Ao Carlos Urquizar e à Tais Urquizar, pelos anos de parceria com suas ilustrações e amorosa dedicação aos meus diversos projetos. Às revisoras técnicas Marina Colerato, Ívi Carvalho e Letícia Méo e à Lorena Correia, que produziu os *QR codes* que levam vocês daqui para outros mundos.

Por fim, agradeço a todas as minhas alunas e alunos, corajosos empreendedores do futuro. Me sinto realizada diante do sonho de vocês! E também a todas as pessoas que me seguem nas redes sociais e apoiam o meu trabalho nessa jornada por um futuro mais eco-lógico e justo!

#gotransitions

Neste livro, você vai encontrar diversos *QR codes*. Ao mirar seu celular para eles com a câmera, você terá mais detalhes de negócios, iniciativas e outras informações sobre os assuntos que tratamos ao longo da obra. Esta foi uma das formas de diminuir a quantidade de páginas e impressões com fotos e outros textos e processos editoriais que aumentariam o impacto ambiental do livro.

Este é o *QR code* principal para acesso geral e completo. Você poderá curtir publicações, fazer comentários e viajar pela internet com meu mapa de negócios *zero waste*.

SUMÁRIO

PREFÁCIO – COMO OS NEGÓCIOS ECO-LÓGICOS PODEM CONTRIBUIR COM A REGENERAÇÃO DO PLANETA 13

UM CONVITE AO ECOSSISTEMA DOS NEGÓCIOS ECO-LÓGICOS 15

1. TRANSIÇÕES ECO-LÓGICAS: PRECISAMOS VOLTAR A CABER DENTRO DA BIOSFERA 19
1.1. Conceito e fundamentação teórica... 20
1.2. A questão socioecológica como centro dos novos negócios 25

2. COMO MUDEI A MINHA FORMA DE OLHAR PARA O MUNDO 29
2.1. Dos baldinhos para o mundo.. 32
2.2. Uma loja-projeto que virou realidade 34
2.3. O início de um novo negócio.. 40

3. NEGÓCIOS ECO-LÓGICOS: NATUREZA E SOCIEDADES NO CENTRO DA ESTRUTURA 43
3.1. Fundamentos dos negócios eco-lógicos... 46

4. GREENWASHING, UMA LICENÇA "VERDE" PARA POLUIR 61
4.1. Origem do termo... 63
4.2. Os sete pecados do *greenwashing*.. 65
4.3. De olho no marketing ambiental ilícito... 68
4.3.1. Frete neutro + carbono negativo + compensação de carbono: o combo atraente (mas nada efetivo) da salvação climática 70
4.3.2. Tecidos reciclados? Que incrível! Hummm, depende... 84

4.3.3. Bioplástico ou plástico compostável? Plástico verde? Oxi-biodegradável? Afinal, essas embalagens são sustentáveis? 92
4.4. De olho nas promessas "verdes" 104

5. ÁRVORE PRODUTO-LÓGICA: UMA FERRAMENTA PARA PROJETAR NEGÓCIOS ECO-LÓGICOS 107
5.1. Conceitos-chave da ferramenta Árvore Produto-lógica 110
5.2. Podas, o melhor processo de foco, energia e aprendizado 134

6. ANÁLISE DE CASES NACIONAIS E INTERNACIONAIS QUE CONTEMPLAM OS CINCO FUNDAMENTOS DOS NEGÓCIOS ECO-LÓGICOS 137
6.1. Circularidade e ecologia no trabalho de ponta da Positiv.a 139
6.2. O que é um pontinho verde no meio do concreto? Uma fazenda urbana revolucionária 147
6.3. Conheça dois negócios eco-lógicos inspiradores na Europa 152
6.3.1. Lonas de caminhão descartadas viram insumos na suíça Freitag 152
6.3.2. Silo, o primeiro restaurante zero waste do mundo 157

7. HORA DE EMPREENDER ECOLOGICAMENTE: EXEMPLOS PRÁTICOS DE QUEM JÁ CONSEGUIU COLOCAR SUAS IDEIAS EM MOVIMENTO 163
7.1. Saravá Sustentável – Política e natureza de mãos dadas 164
7.2. Nova Despensa – Uma loja desperdício zero em Curitiba 169
7.3. Saracura Ecofraldas – Marca gaúcha promove mudanças de hábitos em torno de um sério problema ambiental: as fraldas descartáveis 173
7.4. Quina Cozinha – Economia circular e alimentos orgânicos em uma cozinha conectada com o mundo 178
7.5. Diversa Biocosméticos – Cosmetologia natural e empreendedorismo feminino 183
7.6. Alma e Terra – Uma mercearia ecológica focada em economia regenerativa, permacultura e desperdício zero 188

CONSIDERAÇÕES FINAIS 193

ESTUDOS DE IMPACTO AMBIENTAL DO LIVRO 195

REFERÊNCIAS 203

LISTA DE SIGLAS 213

PREFÁCIO

COMO OS NEGÓCIOS ECO-LÓGICOS PODEM CONTRIBUIR COM A REGENERAÇÃO DO PLANETA

Com os negócios sustentáveis podemos baixar drasticamente as emissões de gases poluentes, criar mais laços de empatia e comprometimento com as nossas comunidades, encurtar distâncias entre o bom alimento e quem precisa dele, ter um reaproveitamento do que foi retirado da Terra, como água e energias limpas, entre vários outros benefícios em prol da natureza.

Podemos ainda reduzir desigualdades sociais e ambientais. Valorizar antigas culturas para criar novos presentes. Promover os valores da natureza para que nossas relações de consumo também sejam transformadas.

Não temos mais tempo para a espécie humana, e não existe nada em um planeta morto. Criamos, e vivemos, um sistema precário para a vida em sociedade. Extraímos tudo, minérios, água, solo, areia, ar. Gastamos e desperdiçamos recursos e depois os transformamos em um imenso passivo ambiental para a nossa própria vida. Produzimos necessidades de consumo que não temos.

Todos os anos são produzidas bilhões de toneladas de resíduos. De acordo com a ONU-Habitat (Programa das Nações Unidas para os Assentamentos Humanos), mais de 95% dos produtos que compramos são jogados fora dentro de seis meses. E o desperdício vai além dos bens. Desperdiçamos água, energia, alimento, solo. E ainda os poluímos.

Entender e propor novos sistemas de produção e consumo em um planeta exaurido é uma transformação urgente, necessária. A roda precisa continuar girando, mas no sentido certo. E nós, de meros consumidores, precisamos ser cidadãos de verdade.

Neste livro de Lívia Humaire encontramos exemplos, inspirações, reflexões, dados, acertos e erros de quem aponta no sentido do futuro no presente. Por meio de sua experiência como ativista ambiental e empreendedora de um negócio ecológico, Lívia nos ensina que podemos, sim, fazermos juntos uma revolução.

PAULINA CHAMORRO
Jornalista especializada em temas
socioambientais e consultora de
comunicação em sustentabilidade

UM CONVITE AO ECOSSISTEMA DOS NEGÓCIOS ECO-LÓGICOS

No auge da pandemia de Covid-19, em 2020, quando abri a primeira turma da Formação em Negócios Eco-lógicos e passei a testar minha ferramenta da Árvore Produto-Lógica, senti necessidade de sistematizar esses conhecimentos em um livro. Foi então que lancei "Sua Empresa É Uma Árvore – Guia Prático para Projetar Negócios Eco-lógicos". Naquele momento necessário de "ficar em casa", fiz como pude, uma versão digital, com espaço apenas para sistematizar a modelagem e resumir os conceitos básicos.

Desde então, passei a trabalhar fortemente para lançar o livro físico e, durante esse processo, ele virou outro, muito mais completo. Abordo aqui assuntos mais profundos, incluindo as armadilhas pelo caminho que envolvem a jornada de quem resolve empreender ecologicamente e *cases* que venho estudando nos últimos anos – tudo isso movida pelas ricas experiências dentro das turmas de Formação e das mentorias para empreendedores.

Também é imensa a felicidade de encontrar a Bambual Editora, pois não é qualquer editora que tem um propósito tão genuíno e com tamanha consonância ao meu trabalho quanto o dela, com a chancela **livros para transição global**. Minha gratidão se engrandece nesse encontro e me sinto com ainda mais força para contribuirmos juntas com essa visão.

Desde o primeiro livro, acredito que escrevo para empreendedores interessados em mudar a *lógica* de como os negócios são estruturados e pensados. Aqueles que querem fazer diferente pra valer, no dia a dia, no cotidiano duro e veloz de quem decide ou precisa empreender, ainda mais dentro do universo dos negócios eco-lógicos, no qual o caminho precisa ser aberto a duras penas.

Eu vivi isso na pele. Luto para mudar processos, para inventar novas formas de embalar sem plástico. Quebrei a cabeça para lançar produtos com um *design* ecológico de verdade, criando relações com os fornecedores ao redor do mundo, lutando pelo espaço do artesanal, do local, do invisível aos olhos, com poucos recursos, sem políticas públicas, guerreando contra gigantes globais e contra a lavagem verde, o famoso *geenwashing*. Somos desbravadores e queremos mudar o mundo.

Este livro tem o objetivo de inspirar ainda mais pessoas a se juntarem nessa jornada, mas não só. A ideia é fomentar um ecossistema de negócios eco-lógicos conectados, capaz de influenciar muitas pessoas e de chegar às políticas públicas, porque esse processo é possível e precisa ser organizado.

Esse livro que você tem em mãos busca uma ambição nas estruturas (1) **micro** (apoiar empreendedores em seus negócios), (2) **meso** (fazer com que nosso ecossistema esteja conectado e funcionando com a potência de união e organização desses empreendedores no Brasil), e (3) **macro** (com o objetivo de influenciarmos cada vez mais o âmbito das políticas públicas e conduzirmos transformações mais estruturais), rumo a um futuro eco-lógico e justo que precisamos construir ainda nesta década.

Mesmo dentro do empreendedorismo, sempre conduzi pesquisas pessoais e estudos acadêmicos em sustentabilidade. Na busca por encontrar campos do saber que investigassem como processos mais sustentáveis acontecem na sociedade, em 2019 me debrucei sobre a Teoria das Transições, lente teórica que apoia minha proposta sobre os fundamentos e também minha pesquisa para os negócios eco-lógicos

Senti fundamental importância em falar sobre como cheguei às *transições eco-lógicas*, não somente ao termo, mas como passei propriamente por uma profunda e longa transição pessoal iniciada em 2005 ao mudar de cidade rumo à universidade. Depois, com minha família em São Paulo, até lançar a primeira loja *zero waste* do Brasil. Na sequência, exponho os cinco fundamentos sobre negócios eco-lógicos.

Como o mundo em que vivemos é repleto de contradições, achei importante trazer um extenso estudo que venho produzindo nos últimos anos sobre *greenwashing* e as armadilhas que envolvem essa prática que precisamos combater, não apenas como empreendedores, mas principalmente como cidadãos engajados em transformações reais.

Também vou apresentar aqui os conceitos-chave da ferramenta Árvore Produto-lógica, na qual também conduzo o processo de modelagem dos negócios. E para fecharmos com chave de ouro, apresento diversos cases de negócios eco-lógicos no Brasil e no mundo.

Desejo a você uma deliciosa e engajada leitura!

1. TRANSIÇÕES ECO-LÓGICAS: PRECISAMOS VOLTAR A CABER DENTRO DA BIOSFERA

Negócios eco-lógicos são aqueles que promovem o que chamo de **transições eco-lógicas**. Mas, afinal, o que isso significa na prática?

Criei o termo em 2018 para me referir a um processo que eu via acontecer com as pessoas que frequentavam a minha loja, em São Paulo. Naquela época, eu falava em *mudanças sustentáveis*, mas sentia que essa expressão não abarcava tudo o que vinha observando no atendimento ao público e no desenvolvimento do projeto como um todo.

Incontáveis pessoas diziam: "Comecei com a escova de dente, agora não uso mais absorventes descartáveis, composto meu lixo orgânico em casa, me conectei a um projeto social no bairro, presto mais atenção na política" etc. Era um processo que eu conhecia bem, que já tinha sentido na pele e, após anos de mudanças, transformado minha forma de viver. Depois da experiência pessoal e da rotina modificada em casa, eu acreditava em escalar minhas ações para um negócio que pudesse gerar transformações na esfera coletiva – um caminho de luta política em prol da sustentabilidade que sempre defendi.

Hoje, após muitas pesquisas, defino o termo **transições eco-lógicas** como um conjunto de práticas e processos gradativos que estabelecem uma relação humana mais simbiótica com o planeta e com a sociedade, em oposição às relações postas no mundo que a gente conhece. É isso mesmo, nadar contra a maré.

Essas práticas e transformações podem começar delimitadas a um nível micro ou individual e podem alcançar outras escalas. E isso me interessa muito, já que para chegar em outras escalas, essas mudanças precisam ser coletivizadas, seja em negócios, em políticas públicas ou em quaisquer outras frentes. Não significa, porém, que um negócio tenha a capacidade de mudar o mundo sozinho. Mas em uma esfera maior do que a individual, por exemplo, pode influenciar um bairro inteiro, uma cidade, um país e assim por diante.

Então, não pense que fazer uma **transição eco-lógica** é substituir os potes de plástico da sua gaveta por potes de vidros lindos, comprados na lojinha sustentável do bairro. Ou substituir os descartáveis por materiais biodegradáveis, compostáveis. Não é jogar tudo fora e posar de minimalista *cool*, nem muito menos comprar roupas feitas de linho se enquadrando no *hype* do ambientalista burguês. Também não significa abrir uma lojinha que vende produtos sustentáveis com pegada estética minimalista. É ir muito além da simples substituição, é pensar em processos e transformações de curto, médio e longo prazos coerentes com a biosfera do planeta e com as sociedades.

1.1. Conceito e fundamentação teórica

Para desenvolver o conceito de **transições eco-lógicas** e embasar o termo que havia cunhado, parti da Teoria das Transições[i], na qual a ideia central é que **problemas sociais persistentes são superados a partir de mudanças estruturais**. Para autores como Geels[1], Smith[2], Swilling, Musango e Wakeford[3] alterar estruturas não é tarefa simples. Para que isso aconteça, é preciso lidar com conjuntos de concepções e de práticas que são complexos,

---

[i] Durante os estudos para o mestrado passei a buscar uma teoria que falasse ou definisse o que é especificamente transições eco-lógicas. Não encontrei. No processo de pesquisa me deparei com uma teoria que vem se desenvolvendo bastante nos últimos anos e que me chamou atenção para as categorias analíticas nicho, sistema vigente e paisagem. Desde então venho estudando e utilizando esta teoria – Teoria das Transições – como lente teórica em minha pesquisa acadêmica sobre transições eco-lógicas.

acumulados historicamente e incorporados às estruturas econômicas na sociedade. Além disso, toda essa complexidade é conformada e deformada por diversas pessoas, atores/agentes inter-relacionados que se sobrepõem, se interligam e agem sobre o sistema, sem um fluxo ordenado ou hierárquico.

Essa perspectiva de diversos atores, agentes e estruturas, que define as escalas **micro** (nicho), **meso** (sistema vigente) e **macro** (paisagem), é denominada de perspectiva multinível dentro da Teoria das Transições. Essas interações entre esses níveis são recursivas, ou seja, se retroalimentam e se repetem, são dialéticas, ou historicamente e materialmente construídas.

Quando usamos essa teoria para analisar mudanças e transformações na sociedade, podemos levantar as seguintes perguntas:

- Como mudanças transformadoras acontecem na sociedade?
- Em quais aspectos elas podem ser comparadas, gerenciadas ou percebidas?
- Como é possível compreender o que trouxe à tona uma transformação?

Indo mais além nessas perguntas, dentro da Teoria das Transições existe uma corrente que busca entender as questões de sustentabilidade na sociedade – essa é a corrente que estudo. Seus objetivos e proposições estão orientados para entender como **problemas ambientais persistentes podem ser superados**. Assim como problemas sociais persistentes são superados a partir de mudanças estruturais, o mesmo vale para os problemas ambientais persistentes, que precisam de mudanças estruturais para serem superados.

Mudanças estruturais têm mais chances de acontecer quando partem de proposições de um **nicho**, que é a dimensão micro da análise dentro da Teoria das Transições. Os nichos emergem de redes de organizações, usuários ou de movimentos sociais que desenvolvem e organizam todo um conjunto de novas práticas, ideias e artefatos às "margens" do regime vigente.[2]

Em minha pesquisa acadêmica, o movimento Zero Waste é um exemplo de nicho. Ele construiu ao longo dos últimos anos todo um conjunto de práticas e ideias que combatem um sistema vigente bastante específico, que denominei como **binômio consumo-descarte**.

No início da pesquisa, eu falava muito que o movimento Zero Waste se opunha ao sistema de descarte. Mas, aprofundando os estudos, o sistema vigente que o movimento busca combater de fato é mais amplo que apenas o destino/descarte dos resíduos. Seus processos de denúncia e combate vão desde a extração da matéria-prima, perpassando o consumo, o descarte e todo o processo socioambiental dessas etapas. Portanto, o **binômio consumo-descarte** contempla melhor o **sistema vigente** ao qual o movimento Zero Waste se opõe.

É importante pontuar que, ainda que possam ocorrer mudanças e transformações, tanto no nível de atitudes individuais quanto no de modelos de negócios pautados no sistema de valores do Zero Waste, o movimento não tem condições de transformar o mundo todo. Um único movimento não pode combater o capitalismo e todos os processos degradativos decorrentes dele. Cada movimento está circunscrito no problema específico que se propõe denunciar e combater.

Para diversos autores, nichos bem-sucedidos são aqueles que conseguem aprofundar o grau de institucionalização, ou seja, eles vão ficando mais robustos à medida que vão conseguindo se ramificar, criar mercados, instituições, difundir suas práticas, angariar mais e novos adeptos, criar regulamentações, normas etc.

Na figura 1, a seguir, você pode acompanhar a proposta esquemática que posiciona o movimento Zero Waste como **nicho** (dimensão micro), o binômio consumo-descarte como **sistema vigente** (dimensão meso) e a **paisagem** (estrutura macro) que diz respeito às questões ambientais de forma geral. A representação mostra as estruturas micro, meso e macro esquematizadas à luz da Teoria das Transições e como as defino em minha pesquisa.

A paisagem (macroestrutura) é a estrutura com maior estabilidade, cujos processos são mais lentos, elas podem estabilizar ou criar tensões entre nicho e regime vigente; ora funcionando como propulsores das propostas dos nichos, ora como limitadores de tais propostas. A mesoestrutura da análise é a estrutura hegemônica, seria o "fluxo da maré" a qual o nicho luta para transformar.

Figura 1
Estruturas micro, meso e macro da pesquisa do Movimento Zero Waste no Brasil

Fonte: Humaire (2021)[4].

Todas essas estruturas são compostas por atores, elementos, agências, técnicas, instituições, cultura – construídos e acumulados historicamente, sofrendo influência umas das outras e também podendo alterar umas às outras.

O objetivo do movimento Zero Waste frente ao binômio consumo-descarte e a paisagem é alterar parte do *status quo* a partir de novas práticas, formas de pensar, maneiras de projetar e estruturar negócios, por exemplo.

Encorajar novas práticas não significa que todo nicho seja inovador ou traga algo inédito ao mundo, e sim que são princípios organizados para combater o que denunciam no sistema vigente. No caso do movimento Zero Waste, a denúncia é contra o binômio consumo-descarte e como esse sistema funciona.

Um exemplo simples que posso citar aqui em relação a um hábito que foi resgatado é o uso do vinagre como "substituto" do amaciante de roupas. O vinagre antigamente era utilizado na limpeza, mas foi sendo substituído gradativamente pela indústria. Os adeptos dos movimentos ambientais denunciam há anos os malefícios do uso de amaciantes e defendem o vinagre ou alternativas sem componentes tóxicos ao ambiente e às pessoas. Significa que o uso do vinagre vai mudar a indústria inteira? Não imediatamente. Mas essa denúncia pode gerar, por exemplo, empresas, ações ou normas que criam novos produtos, leis proibitivas para componentes químicos na indústria etc.

Ao longo de um processo histórico, ações combinadas bem-sucedidas, que visam as chamadas questões sustentáveis, podem criar novos processos e paradigmas que diminuam a pressão sob o sistema Terra[ii].

Em meus anos como ativista socioambiental e adepta do movimento Zero Waste, fui entendendo que existem muitas frentes de atuação movidas por movimentos sociais que desejam alcançar transformações na sociedade. Esses movimentos lutam contra sistemas vigentes específicos, por exemplo, o movimento veganismo é um deles, que pretende acabar com a exploração e crueldade contra os animais. Outro é o da comida sem veneno ou movimento orgânico, que combatem o uso indiscriminado de pesticidas e agrotóxicos e o modelo degradativo do agronegócio.

Acredito que esses movimentos são potenciais "nichos" e que, quando combinados, criam ao longo da história novas possibilidades, práticas, alternativas e formatos de vida para combater o sistema hegemônico capitalista que, baseado em acumulação, expropriação e espoliação, degrada o mundo natural e o tecido social. Venho estudando como esses movimentos aplicados a negócios tem potencial para gerar transições eco-lógicas.

---

ii Aqui me refiro à pressão que o sistema produtivo exerce sobre o espaço geográfico. Essa taxa de consumo e extração para a produção capitalista pressiona e exaure a biocapacidade que o planeta precisa para se regenerar. Para saber mais sobre isso pesquise o Global Footprint Network (https://www.footprintnetwork.org/).

Você deve ter notado que grafo os termos Eco-lógico e Produto-lógica com um hífen que destaca o sufixo. É uma maneira de evidenciar a expressão "lógica" na composição do termo e expressar um significado distinto e complementar à palavra original. Assim, Eco-lógica refere-se à coerência à qual o Negócio Eco-lógico almeja; e Produto-lógica refere-se à finalidade da ferramenta Árvore Produto-lógica, que é trazer resultados de uma lógica mais circular ao seu negócio. Assim, o que está na base (nas suas raízes!) tem de estar refletido nos produtos e/ou serviços ofertados pela sua copa. Produto-lógica, no sentido de ser um conjunto da produção integral do seu negócio, os produtos e serviços resultantes de sua atividade.[4]

1.2. A questão socioecológica como centro dos novos negócios

Uma das perguntas-chave que me move é: como a sociedade pode fazer uma transição eco-lógica justa se suas estruturas capitalistas estão fundamentadas no consumo voraz e no crescimento infinito da economia enquanto o planeta, "fonte" de matéria-prima, tem recursos finitos?

Entendo que os negócios atuais, pensados e moldados dentro da economia linear – ou seja, extrai-produz-consome-descarta e em velocidade sempre acelerada –, funcionam como células metabólicas degenerativas da natureza e das sociedades. Se sua lógica está voltada para funcionar sempre de forma crescente e sem levar em conta os limites naturais (da Terra e das sociedades), então seu contrário seriam negócios que regeneram esses limites, tirando o lucro financeiro como objetivo central e considerando que um negócio é parte de uma sociedade – que, por sua vez, é parte da natureza.

Figura 2
Mudança do paradigma degenerativo para o regenerativo

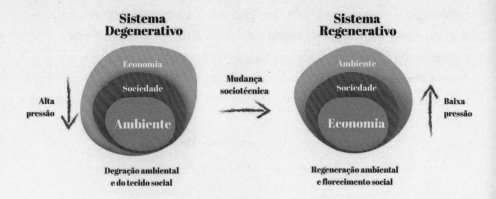

Nota: os diagramas mostram a interação sociedade-ambiente-economia à luz de paradigmas diferentes. À esquerda, o paradigma de alta pressão socioecológica que a economia produz sobre as sociedades e o ambiente. À direita, o paradigma onde a economia não teria papel mandatório e o ambiente assumiria o limite natural, definindo os processos econômicos, mediados pelas sociedades.

Fonte: Humaire (2021)[4].

Precisamos redesenhar modelos, processos e formas para superar o regime hegemônico degradativo de alta pressão ecológica. Isso porque ele esgarça o tecido social e destrói a resiliência do sistema que suporta todas as vidas no planeta.

Uma das alternativas que defendo e proponho neste livro é o entendimento de que os negócios, enquanto instituições e práticas que desenvolvemos historicamente, podem ser desenhados posicionando as questões socioecológicas no centro – não apenas das decisões, mas na forma de estruturá-los e pensá-los. Negócios que possam reduzir impactos ambientais negativos e ampliar impactos sociais positivos. Negócios que voltem a caber dentro da biosfera.

Vale ressaltar que eles não são perfeitos, mas apontam para uma direção que não é considerada no cotidiano das empresas e seus modelos. Penso nos negócios eco-lógicos de transição como um recálculo de rota para conter parte da degradação socioambiental. É uma tentativa para projetarmos um futuro melhor, mais justo e coerente. Uma semente de mudança que também inclui repensar relações de trabalho e de produção como um todo.

Para construir esse pensamento foi fundamental também sair do campo das ideias e passar por todas essas etapas de colocar um negócio no mundo: projetar o conceito, desenhar um modelo, executar o projeto, fazê-lo funcionar e, claro, aprender muito com tudo. Quero te contar a seguir como tudo isso aconteceu.

2. COMO MUDEI A MINHA FORMA DE OLHAR PARA O MUNDO

Antes de contar como fundei a primeira loja desperdício zero do Brasil, em 2018, precisamos fazer uma volta no tempo para entender como me transformei de uma pessoa que usava sandálias Melissa à ativista socioambiental e mentora de negócios eco-lógicos de hoje. Uma virada inesperada para uma mente consumista e despolitizada no começo da vida adulta, que gastava o salário de vendedora de *shopping* em roupas e acessórios que jamais teria hoje em meu guarda-roupa.

Nasci em julho de 1983 e passei a infância no bairro do Brás e nas cercanias da Mooca, na zona leste da capital paulista. Fui a típica criança de apartamento, brincando nos parquinhos de cimento da região. Meus pais trabalhavam fora o dia todo, ambos funcionários públicos: minha mãe como bancária e meu pai como escrevente do Tribunal de Justiça. Os dois dividiam muito bem as tarefas domésticas e o vai e vem de levar e trazer os filhos da escola... Imagine com quatro, eu e mais três meninos! Em alguns meses de julho, frequentávamos a colônia de férias do trabalho da minha mãe – era o máximo de verde presente em minha vida. Ah, sim, meu pai também gostava de cuidar de plantas.

Comecei a trabalhar aos 14 anos, como recepcionista na pequena empresa de um primo que vendia sorvetes de máquina. Fiquei lá cerca de um ano e já gostava da ideia de ter meu próprio dinheiro. Também vendi peças de crochê que fazia com uma amiga de infância – minha primeira sociedade. Depois, arrumei uma vaga como vendedora em um *shopping* e passei dois anos na loja Mercearia até virar gerente. Como eu não precisava ajudar nas contas da casa, gastava todo o dinheiro com roupas, sapatos de salto, Melissas, maquiagens, móveis e outros itens para o meu quarto.

Até os 19 anos, eu levava essa vida bem consumista e alienada. Apesar de sempre ter sido questionadora, em casa nós não tínhamos informações diversas como hoje em dia. Meus pais compravam as versões, muitas vezes tendenciosas, da revista Veja.

Minha vida mudou completamente quando entrei para o cursinho da Escola Politécnica da Universidade de São Paulo (Poli USP), na época administrado pelos alunos do centro acadêmico e que existe até hoje com o objetivo de ajudar jovens a entrar na universidade. Foi um choque, um *turning point* mesmo. Eu cheguei naquele ambiente bem deslocada, com minhas unhas feitas e roupinhas da moda, ainda não sabia ao certo a faculdade que iria cursar. Lá, me deparei com aulas que me faziam pensar criticamente. Uma das primeiras a que assisti tinha o tema "Da queda da Bastilha a do *World Trade Center*", um choque de fatos e análise geopolítica. Na segunda-feira, eles costumavam analisar as manchetes do final de semana e nos mostravam como os discursos da mídia quase nunca eram isentos.

Foi o início da minha formação política, sem sombra de dúvidas. Fui ficando cada vez mais fascinada por aquele universo e pensava que queria ser como os professores, saber todas aquelas coisas, fazer análises, ser uma pessoa conectada com o mundo. Tinha aulas ótimas de geopolítica e isso me motivou a prestar Geografia na Universidade Federal de Santa Catarina (UFSC), em Florianópolis. Eu e alguns amigos do cursinho passamos e fomos pra lá.

Minha mudança foi engraçada, demorou um tempão porque resolvi colocar meu quarto paulistano inteirinho em caixas e levar pra Floripa. Contratei até caminhão! E na universidade é tudo muito dinâmico, mudei de casa várias vezes, ninguém para muito tempo nos lugares, ou seja, totalmente sem lógica. Meu quarto se desfez em menos de dois anos, eu ia abandonando as coisas aos poucos. Para se ter ideia da virada, quase quinze anos depois, moro na Suíça, na cidade de Basel, e vim pra cá apenas com uma mala – meu marido e minha filha também, cada um com a sua. Ah, sim, trouxemos a composteira e nosso filtro de barro.

Assim que cheguei na UFSC, comecei a conviver com pessoas que estudavam permacultura (filosofia baseada em cuidar da terra, das pessoas e distribuir os recursos). Eles discutiam questões ambientais, de sustentabilidade, falavam em telhados verdes, compostavam o próprio lixo, viviam em ecovilas. Fiquei encantada e passei a acreditar que a permacultura poderia mudar o mundo. Aliás, ainda hoje considero essa uma das práticas mais incríveis de um futuro socioecológico possível. Foi uma transformação total de quem eu era, da patricinha à *hippie*, do salto alto ao chinelo, na maior tranquilidade. Parei de consumir carne e laticínios, o que sigo até hoje.

Participei de diversos cursos de permacultura e de mutirões para construir casas e banheiros secos. Com duas amigas, aluguei uma casa no alto de um morro, com um quintal grande, no bairro do Pantanal. Depois, me mudei para a casa ao lado desse morro, conhecida como Casa da Colina, e fiquei lá cerca de um ano, onde vivíamos bem na base do "sujou, lavou", "não comeu, dançou", com divisão para a limpeza e tarefas da casa, acordos necessários para a convivência em comunidade. Foi quando engravidei da minha filha, Iuna, no final do segundo ano da faculdade. Apesar de todos os inúmeros desafios, coloquei na cabeça que iria me formar.

Parei de estudar só bem perto do parto. Quando ela nasceu, fiquei seis meses de licença da faculdade e mais seis meses afastada por conta própria. Me mudei para outra casa, também perto da Colina, onde passei dois anos, só eu e minha filha. Depois, voltei para a própria Colina, onde tinha forno de barro, cavalos, cabras, codornas, os bichos iam chegando...

Quando voltei a estudar, tive um apoio essencial da Universidade e de uma escola chamada Núcleo de Desenvolvimento Infantil (NDI), que ficava dentro do campus da UFSC - ao lado do prédio do meu curso, onde minha filha ficava na parte da manhã. Almoçávamos juntas e à tarde ela ia para outra escola, também subsidiada pela faculdade. Eu ganhava cerca de R$ 360 de uma bolsa de pesquisa e meu aluguel era R$ 400. Meus pais me ajudavam e eu comia todos os dias no restaurante universitário. Ia pra cima e pra baixo de bicicleta, com a filha e as mochilas. Eu sabia que não seria fácil terminar os estudos, ainda mais com uma filha pequena, mas no fundo eu tinha certeza de que valeria a pena.

2.1. Dos baldinhos para o mundo

Meu primeiro projeto de pesquisa na UFSC foi em agricultura urbana: o chamado "Revolução dos Baldinhos", que ganhou diversos prêmios e que também foi reconhecido internacionalmente entre as 15 práticas excepcionais em agroecologia no mundo pela World Future Council (WFC)[5] em 2019, no qual fui bolsista por dois anos, orientada pela professora Walquiria Krüeger. A comunidade de Chico Mendes estava sofrendo com infestações de ratos. O projeto ganhou força com a atuação dos moradores, universitários de várias disciplinas e depois centenas de voluntários para realizar a separação e a compostagem do lixo orgânico. Ainda hoje, os resíduos orgânicos são recolhidos em baldinhos e, de acordo com a escala e a organização dos voluntários, eles levam esse lixo para os bolsões de compostagem, diminuindo drasticamente o problema de saneamento na região.

Esse projeto foi apoiado pela Organização Não Governamental (ONG) Cepagro e mudou a realidade local. Inspirou, inclusive, em Florianópolis, a Lei Municipal Nº 10.501, de 08 de abril de 2019[6], segundo a qual resíduos orgânicos não podem ir para aterros sanitários ou lixões. Foi Marcos José de Abreu, o Marquito, que durante anos trabalhou neste projeto dentro da universidade, hoje vereador pelo Partido Socialismo e Liberdade (PSOL) que ajudou o projeto a se transformar em lei – para a gente ver como é importante a articulação política para gerarmos mudanças socioambientais significativas.

Depois dos baldinhos, participei de um projeto na disciplina de Geografia Industrial onde tinha um professor, marxista, que implicava com a minha postura "muito verde". "Você precisa ter uma veia mais vermelha", ele dizia. Eu me sentia insultada, porque estava muito envolvida na permacultura e na questão ambiental como um todo e já me convencia que sem essa forte perspectiva socioecológica, nenhuma mudança significativa seria possível no mundo – simultaneamente, em 2008, me formei em Meteorologia no Instituto Federal de Santa Catarina. Mas ali, naquela disciplina da graduação, comecei a estudar mais geopolítica, a falar de BRICS (grupo de países de economia emergente do qual fazem parte Brasil, China, Índia, Rússia e África do Sul) e outros assuntos que envolviam política e economia mundial. Fiquei muito empolgada. Já deu pra reparar que sou do tipo que me entrego, né?

Como cursei bacharelado e licenciatura em Geografia e Meteorologia ao mesmo tempo, contando ainda o período de licença e algumas greves estudantis, me formei em cinco anos e meio. Mas tenho certeza de que me tornei uma ativista assim que coloquei os pés na universidade. Uma pessoa com outra visão de mundo, com um ferramental de análise que uso até hoje para tudo na vida.

Em dezembro de 2011, terminei a faculdade e voltei para São Paulo. Eu não queria retornar, mas precisava estar perto da família com a minha filha, que estava com três anos. Fui morar na Rua Nestor Pestana, ao lado da Praça Roosevelt, na região central da cidade. Antes, ainda em Floripa, comecei a trabalhar em uma consultoria de treinamentos comportamentais. Eu representava a empresa no Sul e consegui dar sequência a isso em São Paulo logo que retornei.

É importante lembrar que no Sul também passei por outro grande aprendizado: comecei a tocar violão e a cantar. Montei uma banda, que foi super badalada na faculdade. Fizemos muitos shows, mas paramos depois da mudança para São Paulo. Depois de um ano morando novamente em São Paulo, conheci meu companheiro atual, o arquiteto Markus Thomas, e montei com ele uma nova empreitada musical, a banda Versos que Compomos na Estrada. Passei a fazer a produção executiva dos nossos shows e de outros artistas. Materializar projetos culturais no mundo é uma tarefa árdua, aprendi muito (inclusive, lancei mão desses conhecimentos na produção e estratégia do financiamento coletivo da minha loja). Eu já levava a minha canequinha de ágata pra todo lado – em reuniões, as pessoas me achavam uma ET. O encarte do nosso primeiro CD foi todo feito artesanalmente, sem plástico. Dá para ouvir nossas músicas no YouTube ou na plataforma Spotify, embora estejamos envolvidos em outros projetos atualmente.

Mesmo com a Versos e o trabalho para a consultoria, eu não estava me sentindo profissionalmente completa, queria me reaproximar das questões ambientais e políticas. Tentava encontrar um caminho em São Paulo, onde eu conhecia bem menos pessoas do que em Floripa. Cheguei a fazer uma pós-graduação em Neurociência Social e, depois, algumas disciplinas como aluna especial na Universidade de São Paulo (USP). Lá, em um dia de estudo, estava pesquisando os 3 Rs da sustentabilidade (recusar, reduzir, reutilizar) para um possível projeto de mestrado. Foi quando me deparei com a ativista francesa Bea Johnson, que desde 2008 falava nos EUA do movimento Zero Waste e dos 5 Rs (recusar, reduzir, reutilizar, repensar e reciclar). A autora lançou o *best-seller* "Zero Waste Home"[7], traduzido em mais de 20 países.

Coincidentemente, em 2014 o então prefeito de São Paulo Fernando Haddad (Partido dos Trabalhadores – PT) lançou o programa Composta SP, no qual cerca de 2.000 famílias sorteadas participavam de um projeto piloto para aprender a usar composteiras em suas casas e a compostar o lixo orgânico. Até então, fazer a compostagem no quintal era um hábito comum pra mim, mas dentro do apartamento foi novidade. Eu estava entre essas famílias e recebi o treinamento, as minhocas e a própria composteira. Comecei a me aprofundar no movimento Desperdício Zero e conheci a Cristal Muniz, autora do livro "Uma Vida sem Lixo". Na época, ela ainda estava começando, devia ter no máximo uns 10.000 seguidores no Instagram. Ela foi uma das primeiras a compartilhar receitas de substituição, como a pasta de dente feita com óleo de coco e os produtos de limpeza com álcool e cascas de frutas.

Achei simples seguir esses hábitos porque já levava uma vida mais sustentável em Floripa, comprando em lojas a granel – lá mais comuns –, e escovando os dentes com pó de juá para não usar pastas de dentes com flúor. Comecei a frequentar alguns lugares em São Paulo, como o Instituto Chão, na Vila Madalena, e a pesquisar mais e mais o movimento também fora do Brasil. Eu estava chegando perto de realizar um projeto muito importante e que transformaria a minha forma de olhar para os negócios do mundo.

2.2. Uma loja-projeto que virou realidade

Agora que já falei um pouco das minhas origens e de como a veia política e ambiental esteve comigo desde a faculdade, é hora de contar sobre como fundei a "Mapeei – Uma Vida Sem Plástico", a primeira loja desperdício zero do país, localizada em uma pequena galeria da Rua Augusta, em

São Paulo. Faço questão de fincar essa bandeira porque, até então, nenhum negócio ecológico tinha sido inaugurado no Brasil com foco em evitar a geração de resíduos e reduzir o consumo. Minha ideia também era despertar outros empreendedores para a responsabilidade ambiental na cadeia produtiva, o que envolve, entre outras coisas, a forma de entregar seus produtos sem embalagem plástica. Deu muito trabalho, rendeu incontáveis horas sem dormir, afinal era um projeto de vida, uma forma de colocar em prática tudo o que eu acreditava.

Apesar dos inúmeros contratempos, posso dizer que a dedicação valeu a pena. Antes disso, envolveu muita pesquisa, inclusive *in loco*. Entre 2014 e 2017, o movimento Zero Waste cresceu bastante na Europa e eu já acompanhava a maioria dos negócios pelo Instagram. No Brasil, seguia minha jornada, com passos de formiguinha: recusava cafés de máquina porque desciam automaticamente aquelas pazinhas de plástico horrendas; fazia minha própria pasta de dentes e meus produtos de limpeza à base de álcool de cereais e vinagre com cascas de frutas; levava meu *kit* com talheres, copo e guardanapo de pano para todos os lugares. Não consegui fazer meu xampu, deu errado, mas comprei os da Fefa Pimenta, uma das pioneiras em xampus sólidos naturais no Brasil. Na lavanderia, não usava sabão em pó nem amaciante, resolvia tudo com sabão de coco. Para tirar limo? Bicarbonato de sódio e vinagre feito em casa. Ações que ainda ficam no universo da substituição, mas que ajudam a formar a consciência ecológica do indivíduo. Acredito muito nisso.

Minha filha também adquiriu esses hábitos, virou uma verdadeira "ativistinha" incentivando os amigos da escola a dispensarem os copos plásticos e a levarem seus *kits*. A Escola Waldorf São Paulo (que segue a metodologia do filósofo austríaco Rudolf Steiner, com enfoque também na base emocional das crianças) chegou a substituir os copos plásticos da cantina por copos de inox, motivados pela ação dela na hora do almoço. A maioria das festinhas da escola virou "lixo zero"[iii].

[iii] O movimento Zero Waste foi traduzido no Brasil como movimento lixo zero, apesar de *waste* em inglês ser tradução para desperdício. Eu acredito que "desperdício zero" seja mais

Por falar em festas, o aniversário de nove anos da Iuna foi um acontecimento, um marco da nossa jornada contra o desperdício. Durante dois meses, eu e ela planejamos juntas todos os detalhes e o resultado foi parar até em páginas de revistas[8,9]. Conseguimos que todos os fornecedores contratados topassem fazer suas entregas sem nenhum tipo de plástico.

O tema foi ginástica olímpica, que a Iuna praticava como atleta na época. No bolo de dois andares comestíveis, apenas uma base de papelão no centro e quatro canudos usados na sustentação. As bebidas, todas orgânicas, feitas com frutas frescas, foram servidas em garrafinhas de vidro que depois viraram lembrancinha da festa junto com um canudo de metal. Na decoração, uma empresa super criativa usou *collants*, sapatilhas e medalhas da Iuna para dar o clima. Nada foi comprado ou jogado fora! A geração maior de lixo esteve nas forminhas dos doces, que eram de papel. A Iuna também avisou os amigos mais próximos que preferia não ganhar presentes: muitos deles foram fofos e deram sem embalagem. Ao final, tivemos apenas uma sacola de orgânicos de 50 litros, e uma de resíduos secos recicláveis de aproximadamente 10 litros.

Em casa, consegui reduzir em cerca de 80% a geração de lixo da minha família – para você ter ideia, uma pessoa que vive em São Paulo gera cerca de 1,07 kg de lixo por dia, segundo o mais recente relatório da Associação Brasileira de Empresas de Limpeza Pública e Resíduos Urbanos (Abrelpe)[10], divulgado em 2021. Meu marido e minha filha se acostumaram aos poucos, porque essa transição não acontece da noite para o dia. É preciso respeitar o tempo de cada um, ter disciplina e fazer uma mudança estruturada para não voltar atrás, principalmente quando você não mora e não define tudo sozinha dentro de casa.

Esse processo é o que venho chamando de "transição eco-lógica". Muita gente desanima e desiste no meio do processo, afinal o sistema no qual vivemos é programado e funciona para gerar todo tipo de desperdício. Lutar

---

abrangente e crítico do que "lixo zero", justamente porque este último esconde a dimensão da luta estrutural do movimento, dando mais atenção às questões de âmbito individual, colocando foco na lixeira de casa, esquecendo de considerar que para cada sacola de lixo produzida em casa outras dezenas foram produzidas no caminho.

contra isso muitas vezes significa fazer escolhas radicais, e fui percebendo ao longo do tempo que não é todo mundo que consegue fazer essas escolhas, justamente por conta da estrutura vigente e da questão do acesso por meio do consumo a determinados "estilos de vida".

Em 2017, por conta da carreira musical, surgiu a oportunidade de fazermos uma viagem à Europa, minha primeira vez no velho continente. Além de um show na Alemanha e outro em Portugal, eu e o Thomas iríamos para o casamento de um amigo em Berlim. Claro que aproveitei a viagem para traçar um mapa de todas as lojas *zero waste* possíveis de conhecer ao vivo. Estendemos uns dias, planejamos diversas escalas, sofás dos amigos, e consegui fazer um *tour* desperdício zero em 30 dias, no qual conheci 24 negócios, espalhados em cinco países: Alemanha, França, Portugal, Suíça e Estados Unidos (tivemos que fazer uma escala de 14 horas em New York e é óbvio que eu fui conhecer a primeira loja zero waste de lá). Registrei toda essa viagem em detalhes no meu *blog* da época, no Medium[11] e no Instagram @jornadazerowaste. Hoje a minha conta oficial é o @transicoes_ecologicas, na qual converso diariamente com mais de 25 mil pessoas.

Posso dizer que "mapeei" as melhores e mais conhecidas ideias do segmento. Desse verbo ativo surgiu o nome da minha loja-projeto, "Mapeei", que foi vendida aos meus sócios em 2020 e que fechou em maio de 2022. Essa viagem à Europa e aos Estados Unidos foi fundamental como pesquisa para o que eu pretendia implementar no Brasil, uma "matéria orgânica" riquíssima, como você verá no capítulo 5 sobre modelagem. Passei horas dentro das lojas gringas, provando de tudo, observando não só os próprios compradores como também ouvindo as curiosidades deles. Era uma espécie de aula, uma troca empolgante sobre como era possível criar um negócio que apoiasse modos de vida mais sustentáveis, mesmo vivendo em uma metrópole. Comprei muitos itens que foram os primeiros moldes de produtos da

Tour Zero Waste

loja e outros tantos que ainda não eram vendidos no Brasil, como o fio-dental biodegradável, e cheguei a entrevistar clientes e empreendedores. Foi ali que percebi que não basta abrir um negócio eco-lógico se não houver articulação e um envolvimento completo para compartilhar essas informações.

Eu sabia que a ideia tinha tudo para funcionar no Brasil e iria ajudar o movimento a crescer. Já havia experimentado uma vida muito próxima do conceito de sustentabilidade em Floripa e pensei: "Se eu conseguir transformar esse pensamento em uma escala de negócios, cada vez mais pessoas poderão causar menos impacto ambiental no mundo". Quando olho para trás, vejo no movimento Zero Waste uma potência para ampliar conhecimentos ecológicos e gerar eco-inovações.

Fui me tornando cada vez mais radical com meus hábitos. As pessoas falavam que eu era cara de pau em sair recusando plásticos no comércio e que elas não tinham coragem. Era mesmo raro alguém chegar em um lugar com seus potes de vidro e sacolas de pano e ninguém questionar. Eu nunca estive nem aí, mas pensava sempre "quando vamos ter negócios preparados para isso?". Fora que a escala de lixo gerada poderia ser muito menor se os fornecedores desses negócios também entregassem os produtos sem plástico e repensassem suas embalagens e processos.

Com a ajuda e o empenho de mais de 80 fornecedores parceiros, foi o que consegui fazer na Mapeei. Ao final da minha jornada na loja, mais de 500 produtos tinham sido analisados e transformados, desde a produção até o processo de entrega. As vendas *online* seguiam a mesma lógica. Muitas vezes eu mesma colocava os itens no correio, embalados quando necessário em papel *kraft* dentro de caixas de papelão. Foi o primeiro *e-commerce* zero plástico do Brasil e tenho um imenso orgulho disso. Em 2020, lancei um *ebook* gratuito[12] ensinando como fazer entregas livres de plástico e tivemos mais de quatro mil *downloads*.

Voltando à parte burocrática, quando eu estava procurando lugares em São Paulo para alugar e montar o negócio, os preços eram totalmente inviáveis no meu orçamento. E aluguel é um ponto muito importante para se atentar quando você está planejando ter um negócio físico, pois, valores acima de 13% do faturamento podem "matar", literalmente, seu negócio. Também já tinha apresentado minha ideia para nove pessoas na esperança de encontrar um sócio. Todos achavam a ideia "ma-ra-vi-lho-sa", mas não apostavam. Quase desisti. Até que meu marido passou na galeria da Augusta e me ligou: "Lívia, você precisa vir aqui agora. Eu achei o lugar da tua loja". E não é que era verdade? O aluguel era muito em conta e apenas com três meses de contrato, ou seja, cenário ideal para arriscar. Apesar de não ser exatamente na calçada da Augusta, uma das ruas mais movimentadas de São Paulo, ficava em uma galeria simpática e com trânsito constante de pedestres.

Com a pesquisa completa em mãos e a vontade imensa de investir nesse negócio, cheguei a pensar em pedir um empréstimo no banco, mas já havia desenhado também a ideia de um financiamento coletivo no site Catarse. Acabei pedindo apenas uma parte. O sucesso foi imediato e em poucos dias consegui cerca de 16 mil reais com mais de 330 apoiadores dentro e fora do Brasil. Mas estabeleci uma meta baixa, não imaginei que faria tanto sucesso, ou seja, que provavelmente arrecadaria o que eu efetivamente precisava. Nesse meio tempo, em uma visita ao Instituto Chão para comprar alimentos orgânicos, conheci a esposa do meu sócio. Eu estava com meus saquinhos de pano e ela ficou interessada em saber mais sobre eles. Muitas conversas e jantares depois, ela e o marido resolveram investir financeiramente na ideia comigo.

Antes de entrarmos mais especificamente no capítulo de negócios eco-lógicos, é preciso dizer que, possivelmente, meu maior erro como empreendedora foi ter feito uma sociedade de 50% com pessoas que não entendiam do assunto. Nada contra a ideia de ter sócios, desde que os acordos sejam muito bem estabelecidos em um contrato prévio e as partes concordem que a energia de trabalho, a pesquisa e o envolvimento têm imenso valor e devem ser remunerados. No meu caso, por que dar 50% de uma ideia estruturada em troca, apenas, do apoio financeiro? Eu não só trabalhava muito mais e em período integral como entendia de cada prego colocado. Dese-

Ebook sobre entregas sem plástico

nhar e executar um modelo de negócio do zero e sem referências regionais é algo preciosíssimo. Não cometam o mesmo erro.

Outro ensinamento que gostaria de compartilhar, apesar de parecer óbvio, é a necessidade de se ter conhecimento na área do negócio que você quer abrir – quais sistemas esse tipo negócio usa? Qual a rotina de trabalho? Quais as regras da Agência Nacional de Vigilância Sanitária (Anvisa) para ele? Que tipo de especialidade seu contador precisa conhecer? Pesquisar, pesquisar e pesquisar! Eu precisei aprender na marra – mas espero que com você tudo seja mais leve. Creio também que o discurso do negócio precisa estar alinhado ao que você pratica e acredita.

Como já disse, tudo valeu a pena, porque a Mapeei cumpriu um papel de jogar uma régua no mercado, mostrou que é possível, sim, montar um negócio eco-lógico e ser coerente. Em três meses de funcionamento, a loja faturou quase o dobro do que precisou para ser construída. Foi ampliada um ano depois, mas o importante para mim foi ver que se transformou em referência para vários outros negócios que foram abertos depois disso. Foi um projeto que cumpriu seu papel de farol, tanto no mercado como em minha vida. Vendi minha parte aos sócios em fevereiro de 2020, um mês antes de estourar a pandemia de Covid-19, por incompatibilidade de pensamentos e por conta da minha viagem já planejada à Suíça desde 2017.

Ao longo da jornada de empreender, muitos erros e acertos acontecem. O importante é fazer de cada passo "matéria orgânica" para enriquecer o solo da sua "árvore".

2.3. O início de um novo negócio

Quando cheguei à Suíça, no final de 2019, eu sabia que todos os desafios enfrentados para fundar a primeira loja *zero waste* do Brasil tinham gerado um aprendizado incrível. Afinal, além da experiência em participar e liderar ativamente todas as etapas de um negócio eco-lógico pioneiro, eu trouxe na mala outra descoberta: a ferramenta da Árvore Produto-lógica. Logo mais vou explicar em detalhes essa ideia voltada para estruturar empreendimentos eco-lógicos.

Eu já estava estudando uma forma de auxiliar outros empreendedores a erguerem e a disseminarem seus negócios pelo mundo – até porque as palestras e consultorias que ministrei nesses anos todos me ajudaram a consolidar essa *expertise*. Enquanto eu e minha família nos adaptávamos a um novo país, em meio a burocracias com a mudança e a venda da loja no Brasil, estourou a pandemia de Covid-19 e o longo período de *lockdown* se instaurou pelo mundo. Além dos estudos de alemão e também para um mestrado, foquei meus esforços na preparação de uma consultoria *online* a um grande *marketplace* sustentável. Durante as pesquisas para esse trabalho, aprofundei a ferramenta da Árvore, fazendo a raiz e os galhos crescerem cada vez mais.

No final desse mesmo ano, ainda em fase de adaptação na cidade de Basel, dificultada pelo isolamento, criei uma metodologia de ensino e abri um curso *online* chamado "Formação em Negócios Eco-lógicos". Alunos de diversas partes do mundo, mas principalmente do Brasil, começaram a chegar. A alegria em poder compartilhar tudo o que eu havia aprendido na minha própria experiência como empreendedora foi enorme.

Nesse momento em que as pessoas se encontravam só por meio das telas, também segui com cursos, *lives*, palestras e mentorias, o que resultou na abertura e consolidação do meu novo negócio, a plataforma Transições Eco-lógicas – voltada justamente para promover e apoiar o ecossistema dos negócios eco-lógicos pelo mundo. De lá para cá, já foram mentorados mais de 80 empreendedores em diferentes fases de "maturação" de seus projetos.

É incrível partilhar algo que eu acreditava desde sempre: não basta criar um negócio eco-lógico, ele precisa vir acompanhado de propósito e da vontade de espalhar o conceito. Acredito que os empreendedores precisam atuar também como agentes na esfera coletiva. Quanto mais pessoas despertas para as pautas socioambientais, maior a pressão para mudar o sistema.

•

No Brasil, notei um aumento significativo das preocupações ambientais mais fortemente a partir de 2016. Começaram a ficar conhecidos ativistas engajados em promover mudanças individuais de substituição e novos padrões de consumo. Pessoas que mostravam na prática mudanças de hábitos possíveis. Os vídeos de tartarugas e outros animais em sofrimento por consumirem plástico ou se acidentarem com ele viralizaram e promoveram um choque coletivo sobre a gravidade dos problemas ambientais. A lei da proibição dos canudos plásticos, em 2018, e a dos descartáveis, em São Paulo, sancionada pelo então prefeito Bruno Covas em 2020, também ajudaram a aquecer as discussões climáticas – fiz um artigo para a Folha de São Paulo sobre o assunto à época[13]. A Mapeei acompanhou profundamente essas transformações e teve um papel social e de conscientização importante naquela época.

No entanto, o movimento socioambiental no Brasil precisa se aprofundar. É necessário descermos alguns metros das dicas de substituição de produtos (escova plástica pela de bambu, por exemplo) e partir para mudanças de processos e de lógica, o que envolve a questão do consumo e do descarte.

Na Europa as coisas também estão longe de serem perfeitas. Há mais condições e estrutura material, claro, mas ainda vejo que as iniciativas socioambientais precisam ir mais a fundo, a ponto de tocar e mudar verdadeiramente as pessoas e vice-versa. Hoje, além de seguir com os cursos e mentorias na plataforma Transições Eco-lógicas, me tornei membro da Impact Hub, a maior rede mundial focada em negócios de impacto, e passei em primeiro lugar em um mestrado em Antropologia e Mudanças Climáticas na Universidade de Coimbra para continuar sempre estudando. Não poderia estar mais feliz.

Mas seja em qualquer lugar do mundo, uma coisa é certa: nós temos condições de interferir, modificar e elevar o debate sobre pautas ecológicas e socioambientais. Estamos em uma década decisiva. A hora de lutar e mudar é agora!

Agora que você já conheceu um pouco mais da minha trajetória socioambiental, vou apresentar os fundamentos dos negócios eco-lógicos que são a base para a ferramenta de modelagem.

3. NEGÓCIOS ECO-LÓGICOS: NATUREZA E SOCIEDADES NO CENTRO DA ESTRUTURA

O que me fez pensar em sistematizar a projeção de negócios eco-lógicos e lançar este livro é o entendimento do imenso potencial transformador de uma mudança localizada – capaz de alterar seu entorno e ampliar ao longo do tempo sua escala de impacto. Ao entendermos a Natureza como o limite orgânico a ser respeitado para a atuação humana no mundo, podemos mudar a maneira de entender os negócios. Eles são produtos sociais, atividades idealizadas, criadas e materializadas pelo ser humano e pelas sociedades. Sua configuração não é única nem imutável, muito menos surgiu pronta e precisa ser radicalmente transformada.

Se pensarmos em negócios sob a concepção da Economia Ecológica, como processos do metabolismo social, entendemos que essa atividade humana é fruto direto do nosso modo de fazer. Sua inserção no mundo é determinada por nós mesmos enquanto sociedade e sistema vigente, ou seja, obedece a uma lógica socialmente determinada e historicamente construída.

Estudos no campo da economia, da gestão e da teoria institucional debatem como a Natureza e as sociedades foram sistematicamente excluídas da perspectiva de execução e do panorama dos negócios no pensamento econômico tradicional. Para a economia ortodoxa, os impactos socioambientais são considerados fenômenos externos ao sistema econômico, entendidos como "simples falhas de mercado", que podem ser corrigidas com alguns ajustes[14]. As consequências dessa visão econômica ficam nítidas nos problemas ambientais e sociais de todas as ordens que enfrentamos hoje.

Na figura 3 é possível observar três tipos de interação entre as esferas natureza-sociedade-negócios apontadas por alguns pesquisadores como dinâmicas históricas da relação entre elas. No primeiro diagrama, a esfera "negócios" exclui as esferas "natureza" e "sociedade", que estão completamente apartadas de sua dinâmica, pois, historicamente, a economia as ignorou. Na segunda etapa, "natureza" e "sociedade" se aproximam da esfera "negócios", a ponto de entrelaçarem-se minimamente. Na última figura do diagrama, a esfera dos negócios está posicionada dentro da esfera das sociedades, que por sua vez está circunscrita à esfera da natureza. Este diagrama representa uma visão holística e que tem coerência com a ideia de que negócios são resultados sociais[15], ou seja, devem estar circunscritos à esfera social e que, por sua vez, deve estar circunscrita à esfera da Natureza.

Figura 3
Interface Natureza-Sociedade-Negócios

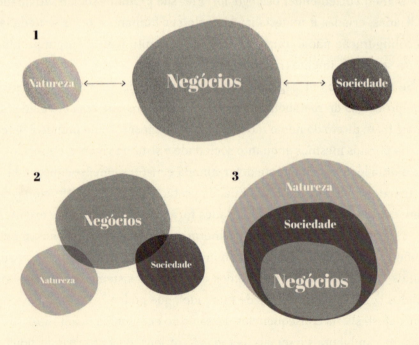

Fonte: Humaire (2021)[4].

A Economia Ecológica aponta o último diagrama como uma saída coerente diante dos problemas ambientais decorrentes do nosso modo de vida e produção. Para este campo de estudo, a evolução das esferas significa a necessidade de incluir os processos biofísicos[16] à análise, deslocando «natureza» e «sociedade» da periferia para as posições coerentes com tais processos.

Voltando aos paralelos da Economia Ecológica sobre metabolismo social, em que negócios são células de atividade social em um sistema circulatório (dentro da visão do sistema econômico tradicional) e os processos biofísicos como o sistema digestivo excluído da análise (visão da economia ecológica), tudo o que é extraído ou adicionado ao sistema Terra gera um processo que não pode ser ignorado. Um modelo econômico que extrai matéria-prima de um lado e produz uma montanha de lixo do outro, além de promover problemas sociais diversos não está considerando seu impacto socioambiental como resultado da atividade que desempenha historicamente.

O olhar que a economia ecológica lança sobre o sistema insere elementos não contemplados na economia ortodoxa. Ao reconhecermos os problemas causados pela atividade econômica, da exploração e da produção altamente degenerativos, estamos aptos a encontrar soluções para criar negócios que atuem como células regenerativas ou mitigadoras – ou ainda transformar as atuais células degenerativas em algo menos maléfico ao sistema integrado "natureza-sociedade-negócios".

Contudo, não podemos cair na armadilha da visão ortodoxa tradicional e achar que podemos simplesmente fazer ajustes em todos os negócios e resolver a questão socioambiental dessa maneira.

Para que os negócios se configurem em uma base que promova transformações ou transições eco-lógicas, proponho cinco **fundamentos** que devem estar contemplados no DNA da empresa, presentes desde a ideia, estruturação e funcionamento/atividade. Defino negócios eco-lógicos como empreendimentos que ativam esses cinco fundamentos, mecanismos que promovem resultados diferentes. Pense em uma mercearia do bairro que vende alimentos orgânicos adquiridos diretamente do pequeno produtor familiar local. Ela aumenta a distribuição de renda, ao mesmo tempo em que contribui com a saúde das pessoas do entorno e combate o uso de pesticidas, reduzindo assim o impacto ambiental negativo e ampliando o impacto social positivo – resultados completamente diferentes dos que os negócios não ecológicos provocam no mundo.

É importante relembrar que esses negócios não são capazes de resolver todos os problemas ambientais e sociais persistentes, contudo, a proposta é que funcionem como empreendimentos de transição para uma economia socioecológica mais justa.

3.1. Fundamentos dos negócios eco-lógicos

Nos últimos anos, venho analisando diversos negócios espalhados pelo mundo. Percebo que, quando eles conseguem transformar o entorno e gerar transições eco-lógicas, há cinco fundamentos básicos ativados entre eles:

1 – Reduzem impacto ambiental negativo;

2 – Ampliam impacto social positivo;

3 – Produzem mudanças de hábitos;

4 – Geram uma comunidade engajada em diversas causas dentro do negócio;

5 – Promovem mudanças sociotécnicas de médio e longo prazos em relação a algum sistema vigente, ou seja, participam da mudança na forma como as coisas são feitas ou produzidas.

Vou ser bastante franca com você agora: é muito mais fácil criar qualquer tipo de empresa que não tenha nenhuma preocupação socioambiental. Todas as cadeias produtivas do sistema, que não consideram a natureza e as sociedades, estão muito bem desenvolvidas e estruturadas. Você não terá grandes problemas para encontrar insumos, produtos, serviços e compradores que pertencem e reforcem esse universo.

Do outro lado da moeda, quando falamos em negócios que desejam operar orientados pela ecologia e pela saúde das pessoas, não espere facilidades: está tudo ou quase tudo por fazer! É preciso desenvolver desde o modelo até a materialização da operação da sua empresa, as relações de trabalho e os formatos de atuação, além da inevitável "formação de público", expressão convencional para designar os clientes do negócio. Existem modelos com os quais já podemos aprender bastante, mas o trabalho de criação é imprescindível, por isso, seja uma pessoa aberta e preparada.

Com base na definição dos **fundamentos** dos negócios eco-lógicos e com a proposta da **ferramenta de modelagem**, espero que você possa estruturar e aprimorar sua ideia de negócio, facilitando seu processo de colocá-lo no mundo ou de remodelar uma proposta, caso ela já exista.

A seguir, aprofundo cada um dos cinco fundamentos. Mãos à obra!

1 – Reduzir impacto ambiental negativo

Negócios eco-lógicos reduzem impacto ambiental negativo por meio de sua atividade como um todo e buscam a não-degradação da natureza. A escolha da matéria-prima, a forma de produção, o modelo de distribuição da produção, os descartes do processo de produção, o descarte do produto final após o uso, a escolha dos insumos, a contratação de parceiros e terceiros são algumas amostras de como tudo isso é repensado a fim de diminuir o impacto ambiental.

Por exemplo: em um restaurante, um dos fatores que gera grandes volumes de descartes é a geração dos resíduos orgânicos (restos de alimentos gerados). A destinação usual desses resíduos em qualquer restaurante é o aterro sanitário ou lixões, em alguns casos incineradores. Para se ter ideia do impacto, todos os anos, o Brasil produz quase 37 milhões de toneladas de lixo orgânico[17], gerados por um milhão de estabelecimentos desse ramo de atividade[18].

Hoje, a compostagem é uma das soluções viáveis para diminuir o impacto ambiental dessa etapa do negócio. No Brasil, a Anvisa não permite a instalação de composteiras próprias em restaurantes, mas já existem inúmeras empresas que trabalham com o serviço de compostagem urbana. Em São Paulo, há cinco parques de compostagens, que compostam toneladas de resíduos orgânicos das feiras da cidade[iv], um projeto que pode gerar mudanças no destino dos resíduos orgânicos comerciais.

---

iv Em 29/09/2021, a Comissão de Política Urbana, Metropolitana e Meio Ambiente da Câmara Municipal de São Paulo aprovou o projeto de lei que obriga que os resíduos orgânicos da cidade de São Paulo sejam compostados ou então destinados à digestão anaeróbia, e também proíbe a destinação destes para os aterros e incineradores. Desta maneira, o PL 410/2019[86]

Em restaurantes pautados no movimento Zero Waste fora do Brasil, por exemplo, um sistema de compostagem elétrica é instalado no lugar, assim o resíduo é resolvido localmente, diminuindo qualquer processo de transporte que gere dióxido de carbono (CO_2).

Outro exemplo: vamos supor que você queira criar uma empresa de calçados sustentáveis. Analisar a matéria-prima e insumos dos seus futuros produtos é algo imprescindível. Veja algumas perguntas sobre isso: A principal matéria-prima necessária é feita de material reciclável? A sola é feita de plástico, de látex ou de pneu? Qual dos materiais utilizados causa mais impacto negativo ao ambiente, tanto na produção quanto no descarte? Existe uma alternativa de substituição? Você tem essas informações disponíveis? A cola do solado é sintética? Existe uma alternativa natural e atóxica disponível? Supondo que o material que você decidiu usar seja reciclado, esse material pode ser reciclado novamente? Poderá voltar a ser sola de sapato ou outro produto?

Para o fundamento 1 dos negócios eco-lógicos, seja para criar produto ou serviço, é preciso olhar de forma aprofundada toda a cadeia produtiva, da extração ao descarte, e se perguntar: Como esse negócio afeta o mundo do ponto de vista do impacto ambiental negativo? E como eu, além de reduzir os impactos ambientais negativos do meu próprio negócio, poderia ampliar o impacto ambiental positivo no mundo por meio da minha atividade?

Um bom exercício prático para avaliar esse primeiro fundamento é fazer uma lista com os produtos e serviços oferecidos e mapear os impactos positivos e negativos que você imagina estarem associados ao negócio.

---

aprovado nessa Comissão ainda precisa passar por três comissões antes de ir para plenário e posterior sanção.

2 – Ampliar impacto social positivo

Ampliar impacto social positivo faz parte de forma integral dos negócios eco-lógicos. Isso significa empenhar-se para alterar e provocar mudanças sociais por meio do próprio negócio. E como fazer isso?

A remuneração e as relações de trabalho devem ser justas e visar ganhos coletivos. Optar por modelos como associações e cooperativas podem dar mais trabalho do ponto de vista organizacional, mas trazem mais benefícios sociais, além de distribuição de renda e poder[19], gerando mais resiliência e ganhos socioeconômicos a longo prazo.

Um exemplo de alto impacto social positivo é o do Instituto Chão, localizado em São Paulo. Aqui estou me atendo ao modelo de negócios, que é uma associação sem fins lucrativos que opera à luz da economia solidária. O Instituto reúne produtos agroecológicos cultivados em sistemas de agricultura familiar, agroecologia, comida sem veneno ou em transição. O valor deles na prateleira da mercearia é o mesmo valor pago pelo Instituto Chão ao produtor, sendo assim, o Instituto não barganha o valor dos alimentos. Ao finalizar a compra, o cidadão, apoiador do negócio, pode contribuir com uma taxa sugerida de 35% do valor total de sua compra. Esse valor entra como doação e serve para a manutenção de todo o modelo de negócio, como salários, aluguel, fretes e outros.

Por se tratar de uma organização sem fins lucrativos, significa que todo o lucro gerado é reinvestido no próprio negócio. Isso potencializa e amplia os impactos positivos, ampliando a rede de agricultores ligados ao Instituto e a oferta de produtos saudáveis e sem veneno.

Todos os membros do projeto são associados e recebem um salário justo de acordo com as condições locais de sua cidade. Nesse ponto, é possível perceber impacto social positivo tanto na estrutura interna quanto fora do negócio. Dessa forma, o Instituto acredita que pode blindar ou minimizar mecanismos de exploração dos produtores e dos trabalhadores envolvidos no projeto, o que comumente ocorre com as redes de supermercados convencionais.

Apoiar e incentivar a agricultura familiar, agroecológica e orgânica ou em transição é lutar sistematicamente e junto com uma atividade que está na linha de frente contra o agronegócio no país. Assim, quanto mais o Instituto se desenvolve, mais escoamento para esses produtores e mais renda para os trabalhadores serão gerados. Dessa forma, o projeto promove maior distribuição de renda e, por consequência, a descentralização do poder.

A economia solidária na qual o Instituto Chão opera está fundamentada em um sistema de valores de cooperação, autogestão e do trabalho como atividade emancipatória do ser humano e não de exploração sistêmica. Por isso, o negócio está em total coerência em escolher um modelo associativo, pois a economia solidária enxerga todos os atores dentro do modelo como sujeitos históricos e iguais.

Por outro lado, ter uma empresa convencional não-cooperativa e não-associativa, não é impeditivo para ampliar impacto social positivo e aplicar o segundo fundamento, mas o impacto social positivo ocorrerá dentro da estrutura vigente e tradicional de empresas, o que pode gerar limitações para a emancipação dos trabalhadores envolvidos e não alterar relações de trabalho. Se na raiz do seu negócio economia solidária é um movimento presente, isso seria no mínimo contraditório.

O respeito à Natureza e ao comércio justo também fazem parte do sistema de valores da economia solidária, por isso comida sem veneno, agroecologia orgânica ou em transição atendem esses princípios e conseguem resultar no que realmente o Instituto Chão nasceu para promover.

Dentro das escolhas de um negócio eco-lógico, o sistema de valores (o que será a raiz na proposta de modelagem) está intimamente relacionado ao resultado da atividade do projeto.

O modelo de negócios do Instituto Chão também está baseado no sistema de planilha aberta – mensalmente é divulgado o balanço financeiro ao público. Em fevereiro de 2022, por exemplo, o faturamento atingiu mais de R$ 1,6 milhão de reais em vendas de produtos, com uma média percentual da taxa de contribuição de 31,3%, ou seja, algumas pessoas contribuem com 35% sugerido, e outras com menos ou mais.

É possível perceber que quanto mais o negócio expande suas atividades, mais impacto social positivo ele produz? Nesse caso, mais agricultores farão parte da rede, mais pessoas comerão de forma saudável a preços justos e mais pessoas trabalharão em um projeto de articulação de relações sociais mais saudáveis.

Quando consegue se desenvolver, o negócio eco-lógico produz mais saúde social e impacto social positivo. Uma lógica totalmente contrária ao sistema vigente capitalista, que quanto mais se desenvolve, mais degeneração do tecido social e da Natureza produz.

3 – Promover mudanças de hábitos

Promover mudanças de hábitos é algo fundamental para realizar transições eco-lógicas, logo, é também um fundamento dos negócios eco-lógicos.

Como vimos anteriormente, problemas socioambientais persistentes requerem mudanças estruturais para serem superados. Isso passa pela alteração da forma como lidamos com processos produtivos, de trabalho e de consumo, entre outros. Promover hábitos mais regenerativos do ponto de vista social e ambiental trabalha no cerne da cultura do "como" as coisas são feitas.

O que venho observando é que a mudança ocorre com todos os envolvidos no negócio, desde uma comunidade engajada de cidadãos conectados ao projeto até clientes, fornecedores, funcionários etc. A mudança de hábitos é resultado direto da atividade de um negócio eco-lógico e para além dele mesmo. É a ponta da transição eco-lógica brotando!

Um exemplo pessoal e prático sobre esse terceiro fundamento, na dimensão empresarial, aconteceu lá em 2019 quando conheci a bolsa térmica da Mercur, empresa centenária que fabrica produtos e acessórios para os mais variados fins, de borracha escolar a equipamentos de ortopedia. A Mercur foi fornecedora de bolsas térmicas naturais para minha loja em São Paulo. Elas são feitas de algodão orgânico produzido por cooperativas do Nordeste, e o material interno é feito de resíduo da produção de açaí da palmeira nativa Jussara. A ideia foi desenvolvida por profissionais de diversas áreas, combinando a experiência de terapeutas, *designers*, funcionários da empresa, entre outros.

As primeiras unidades chegaram à loja com fitas plásticas na embalagem. Eu logo me perguntei: "Um produto tão circular e impecável, desde a concepção até o uso e descarte, chegando com plástico?". Entrei em contato com a equipe para apresentar as soluções para envios sem plástico que eu havia desenvolvido ainda durante as recompensas do financiamento coletivo da minha loja – um processo que aprendi durante o *tour zero waste* de 2017 e que os fornecedores da loja já haviam adotado.

Algum tempo depois, a empresa me informou que toda a operação logística deles mudaria para o sistema zero plástico que eu havia apresentado. Além da Mercur, eu trabalhei com mais de 80 fornecedores nacionais que adequaram seus processos de entrega para o mesmo sistema. O nosso *e-commerce* foi o primeiro do Brasil a fazer esse tipo de trabalho e a materializar o processo com escala. Essas mudanças nas embalagens e no acondicionamento dos produtos nas caixas, guardadas as devidas proporções, alteram um dos aspectos do binômio consumo-descarte dos envios de produtos.

Do ponto de vista individual, também vou falar de um exemplo simples e prático de mudanças de hábitos que um negócio pode promover – a transição do desodorante convencional para o natural. Além de todo o trabalho que um negócio produz ao desenvolver e comercializar desodorantes mais naturais, uma pessoa que deixa de usar um desodorante convencional, ou mesmo produzir o próprio em casa, está passando por uma mudança de hábito real. Isso porque ocorre todo o desenvolvimento de uma cadeia de insumos não tóxicos e químicos que, *a priori,* está funcionando com ingredientes mais comprometidos com o planeta e com a saúde humana, caso os fundamentos 1 e 2 tenham sido verificados para o produto. Quem já tentou fazer essa transição, seja com industrializados ou feitos em casa, sabe muito bem que requer uma tremenda adaptação e dedicação para acontecer. Uma verdadeira mudança de hábito!

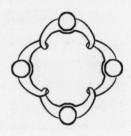

4 – Formação de comunidade engajada

Os negócios eco-lógicos engajam a comunidade de seu entorno em causas comuns, algo que extrapola o conceito da mera formação de público ou da criação da "cartela de clientes". O negócio é, por natureza, a formação de comunidades porque tem em sua origem a conexão com movimentos sociais e valores sistematizados. Eles funcionam como pontos de ativação das pessoas, um espaço onde elas se conectam, se identificam, trocam experiências e assim essa comunidade engajada vai sendo construída ao longo do tempo e do desenvolvimento do negócio. A história da Haeckles é um exemplo interessante. A marca de cosmetologia natural e *slow beauty* opera dentro dos princípios da *blue economy*[v].

Todos os seus insumos são coletados com autorização na costa litorânea da cidade de Margate, no Reino Unido, onde fica o laboratório/loja da empresa. A estrutura do negócio engaja a comunidade em torno da causa de proteção marinha e tudo o que se relaciona com os problemas de impacto negativo aos oceanos, tanto da costa onde a empresa se localiza quanto em diversos lugares do mundo.

Como a Haeckles faz isso? A cada saco de lixo recolhido em uma praia e entregue à empresa, o resíduo é encaminhado à reciclagem e a pessoa recebe em troca um produto da marca. Ao devolver a embalagem de qualquer produto, seja de forma presencial ou online, 15% é concedido a qualquer outra compra ou no refil. A loja trabalha com refil e vidrarias sem a inclusão de

---

v A *blue economy* faz parte das chamadas novas economias e é uma comunidade de código aberto. Isso significa que tudo é compartilhado e é possível acessar modelos de negócios, soluções e tudo o que a comunidade produz de forma gratuita, desde que se respeitem os direitos autorais. Um dos princípios desse movimento é "substitua algo por nada e questione qualquer recurso sobre sua necessidade de produção"[87].

componentes tóxicos. Um dos movimentos na raiz da empresa é a cosmetologia limpa e natural, por isso utilizam produtos frescos coletados da costa.

Os moradores locais têm 15% de desconto em todos os produtos. A empresa também promove limpezas de praia regularmente e concede descontos para quem participar de uma em qualquer lugar do mundo.

Tenho visto e estudado cada vez mais exemplos de negócios que estimulam cidadania e engajam as pessoas em causas e mudanças importantes. Isso gera impulsionamento para ações quando é preciso pressionar sobre projetos de lei, organizações para abaixo-assinados, informes sobre chamadas públicas, entre outras ações que podem influenciar inclusive políticas públicas. Esse tipo de mobilização não ocorre de forma pontual nos negócios eco-lógicos, e sim faz parte do *modus operandi* desses negócios, um fundamento.

É claro que aqui estamos analisando negócios, portanto a participação ou "ingresso" dessas comunidades ocorre majoritariamente via consumo. E isso nem de longe é o suficiente para termos uma sociedade justa ou ambientalmente segura. É preciso lembrar sempre que a presente proposta é gerar negócios de transição, menos degenerativos do ponto de vista social e ambiental, para a partir deles construirmos outros futuros possíveis. Avancemos!

5 – Provocar mudanças sociotécnicas

A mudança sociotécnica é aquela que ocorre na estrutura do sistema vigente, alterando a forma como produzimos, vendemos, compartilhamos, projetamos, vivemos nas cidades, enxergamos a natureza, estruturamos atividades e negócios, bem como a própria sociedade, entre outros.

Dos cinco fundamentos propostos para os negócios eco-lógicos, esse é o mais difícil de promover e, também, o mais difícil de projetar e perceber, quando estamos na etapa de estruturação de uma empresa. Isso acontece porque a mudança sociotécnica é um movimento que ocorre a longo prazo, levando décadas para ser produzida e se consolidar. Ao mesmo tempo, é o fundamento mais transformador e potente para o ecossistema dos negócios eco-lógicos. É algo que somente ocorre coletivamente, em um conjunto de negócios maior do que em uma única empresa, ou seja, criar um negócio por si só não é o suficiente para produzir mudança sociotécnica.

Vamos a um exemplo para que você possa captar integralmente a ideia e a essência desse fundamento.

A forma estrutural e vigente para lidar com os resíduos orgânicos em nossas cidades no Brasil é destiná-los ao aterro sanitário ou lixões por meio da coleta municipal. Essa prática gera alto impacto ambiental negativo, desde os transportes das coletas e a queima de combustíveis fósseis da frota até o descarte dos resíduos, com a emissão de gases nos aterros e lixões, entre outros.

Alternativas que têm se tornado cada vez mais comuns e difundidas no Brasil são as empresas de compostagem urbana. O serviço funciona por meio de uma assinatura mensal e a coleta dos resíduos é feita semanalmente na casa ou no estabelecimento comercial do assinante. A empresa então faz a compostagem dos resíduos orgânicos coletados e fornece aos assinantes adubo para horta, mudas e outros tipos de recompensas.

Nesse caso, os assinantes do negócio deixam de emitir resíduos orgânicos de forma usual, como o sistema vigente determina que eles façam, modificando assim a forma com que uma parte da população lida com seus resíduos orgânicos. Trata-se de uma clara mudança de hábito que gera redução de impacto ambiental negativo, contra a forma usual estabelecida. Esse é o modelo de negócios de uma empresa de compostagem urbana privada. A longo prazo, é possível imaginar como todo o sistema de compostagem de uma cidade pode ser modificado pela soma de empresas como essas? Você consegue notar que esse sistema alternativo está criando possibilidades de gerar uma mudança total do sistema de descarte de resíduos orgânicos de um país inteiro?

Parece que isso está ocorrendo neste exato momento no Brasil, após 14 anos de um projeto pioneiro nascer e gerar frutos no coração da Universidade Federal de Santa Catarina: o "Revolução dos Baldinhos" no qual conheci por dentro desde o início. Falei um pouco sobre ele na minha apresentação, mas vale mostrar mais detalhes aqui porque o resultado é exemplo de uma transição sociotécnica que pode estar em curso: são mais de 70 empresas de compostagem urbana ativas no Brasil hoje, inspiradas por ele.

Esse projeto é um exemplo de como processos mais sustentáveis podem se estabelecer ao longo dos anos puxados por movimentos de nicho. Neste caso, pelos movimentos sociais da permacultura, da agricultura urbana e da comida sem veneno, influenciando níveis cada vez mais articulados, chegando às políticas públicas, que são elementos da paisagem.

O que era a compostagem urbana nos idos de 2008 no Brasil? Um movimento de formiguinha que se espalhou ao longo dos últimos 14 anos pelo país. Depois de mais de uma década de atuação, a "Revolução dos Baldinhos" se transformou em um modelo a ser seguido, inspirando negócios, podendo ser replicado, inspirando leis, abrindo precedentes para outros municípios e estados, quem sabe, abrindo frentes para desenhar uma lei de compostagem nacional? O que claramente enxergo acontecer neste momento.

Em 29 de setembro de 2021, a Comissão de Política Urbana, Metropolitana e Meio Ambiente da Câmara Municipal de São Paulo aprovou o projeto de lei que obriga a compostagem de resíduos orgânicos e proíbe a destinação aos aterros sanitários, lixões e incineradores. Tanto a Prefeitura de Florianópolis quanto a de São Paulo vão buscar conhecimento e informações nas empresas e iniciativas pioneiras sobre compostagem urbana para viabilizar tais processos na escala de suas cidades.

Se pudermos projetar nosso pensamento para daqui a dez anos, ou mais, podemos enxergar uma mudança sociotécnica no gerenciamento dos resíduos orgânicos no país. Pense que pelo menos 50% dos resíduos produzidos em cada casa é resíduo orgânico, isso sem contar restaurantes e comércio. Ou seja, dá para imaginar o que uma mudança como essa implicaria no binômio consumo-descarte dos resíduos orgânicos no Brasil? Ou mesmo imaginar o impacto social decorrente da quantidade de alimentos que podem ser produzidos em hortas comunitárias a partir desse volume de resíduos compostados? E a redução de transportes (CO_2) e coleta, se houver parques de compostagens descentralizados em bairros?

Eu poderia ficar horas fazendo listas sobre as vantagens dessa mudança sociotécnica e do impacto sistêmico que ela poderia gerar no Brasil. Isso realmente me empolga do ponto de vista socioambiental e do papel importante que as cidades podem ter na geração de transições eco-lógicas.

•

Espero que esses fundamentos apresentados possam inspirar negócios e iniciativas orientados para uma sociedade muito diferente da que produzimos até hoje.

A seguir, já com os fundamentos em mente, posso apresentar para você a ferramenta de modelagem da Árvore Produto-lógica, mas antes preciso que você conheça algumas das armadilhas no caminho dos negócios eco-lógicos, e de forma geral, as armadilhas no caminho de qualquer pessoa preocupada com questões ambientais, que se tornam vulneráveis ao aliciamento do sistema que quer nos vender todas as alternativas "verdes" possíveis, se valendo de nossa pré-disposição em agir perante a crise socioambiental e climática que estamos enfrentando.

4. *GREENWASHING*, UMA LICENÇA "VERDE" PARA POLUIR

Vivemos uma era de intensa transformação na lógica dos negócios. Enquanto alguns empreendedores correm para tornar seus procedimentos mais "sustentáveis" usando selos e práticas duvidosas, outros se esforçam para dar cada passo em uma jornada realmente comprometida. Para quem deseja empreender ecologicamente, colaborando para uma economia regenerativa, é fundamental conhecer as armadilhas pelo caminho. Entre elas está o *greenwashing*, um conjunto de práticas que pode atrapalhar todas as boas intenções. Desvendar essas práticas nem sempre é uma missão fácil, mas é necessária para avançarmos enquanto sociedade crítica a respeito das questões de sustentabilidade. A seguir explico o contexto do *greenwashing*, sua origem e processos, além das formas que estão bastante "fortes" no momento, não só no Brasil como também no mercado europeu.[vi]

As práticas de *greenwashing* ocorrem o tempo todo. Por isso, é preciso analisar o tipo de produto, os discursos, as propagandas e as operações que o envolvem. Entram nessa análise rótulos, embalagens e estratégias de vendas com a larga utilização da palavra "eco", a presença das cores verde,

---

[vi] Não daria para abordar todas as práticas de *greenwashing* aqui, pois são inúmeras, todos os dias emerge uma nova, é algo muito complexo e extenso. Por isso, também, que o título deste livro traz este fenômeno como "era", pois, estou indicando que tais práticas funcionam como dispersores das forças que deveríamos estar unindo para lidar com a crise socioambiental e climática, desviando e enganando as pessoas, e empresas genuinamente interessadas em fazer diferente, atrasando mudanças mais profundas, como veremos neste capítulo.

marrom e azul e de elementos como folhinhas, paisagens naturais e animais em extinção. Relatórios de sustentabilidade unidirecionais que apresentam atributos considerados "verdes" também expressam, na maioria das vezes, obrigações previstas em legislação.

Independentemente dos tipos de práticas desse fenômeno social e ambiental, o que vem acontecendo é a intensificação de seu uso. Há um visível aumento da percepção de valor socioambiental e, portanto, do potencial de compra de produtos que se conectam com esta preocupação – ou dizem se preocupar –,que acabam sendo associados às tais ações socioambientais positivas e a uma suposta produção verde.

Digamos que essa busca por sustentabilidade nos universos corporativos e governamentais está conectada ao interesse de tais instituições em uma mudança real da lógica de mercado extrativista e predatória. Seria mesmo um desejo de contribuir para uma mudança efetiva em relação à crise socioambiental, incansavelmente anunciada nos últimos anos?[vii] Devemos nos atentar para um movimento do ambientalismo empresarial, que passa de um posicionamento reativo em meados dos anos 60, limitado ao cumprimento das leis, para um posicionamento mais "proativo", com o propósito de se antecipar às regulamentações – adotando medidas e posturas "voluntariamente" favoráveis ao ambiente[20]. Boa parte dos relatórios de sustentabilidade traz uma visão unidirecional das metas e cumprimentos das práticas de responsabilidade socioambiental. Eles costumam antecipar questionamentos, comunicando ao mercado resultados aparentemente revolucionários, mas que muitas vezes são irrisórios perto de suas atividades de negócio.

Além dessa visão antecipatória, estudos e pesquisas apontam que esse aumento massivo de práticas de *greenwashing* está intimamente conectado ao fato de os consumidores globais estarem dispostos a pagar mais por produtos "ecologicamente corretos"[21]. Esses consumidores são influenciados

---

[vii] Todos os relatórios do IPCC (sigla em inglês para Painel Intergovernamental de Mudanças Climáticas, da Organização das Nações Unidas – ONU) apontam para isso, principalmente os dois últimos, relatórios 5 e 6.

por fatores-chave de sustentabilidade[22], como um produto "feito com ingredientes frescos", "naturais" e/ou "orgânicos", ou por empresas que demonstram preocupações socioambientais[23].

Isso sem falar em um aumento genuíno da atenção socioambiental por parte da população e de consumidores em geral, resultando em boicotes organizados a marcas, empresas e serviços relacionados a crimes ambientais. Não passam ilesos escândalos ligados a trabalhos análogos a escravidão e práticas de crueldade animal. Os protestos expõem as empresas nas redes sociais causando diversos impactos – o que antes era mais difícil e isolado, agora se materializa rapidamente no ciberespaço, um novo cenário que as organizações precisam monitorar constantemente.

É nesse contexto de narrativas e disputas de poder, entre diversos atores e partes interessadas, que a chamada "lavagem verde", ou "maquiagem verde", o *greenwashing*, vem se consolidando como prática comum em todo tipo de instituição, de forma intencional ou não.

4.1. Origem do termo

O termo *greenwashing* é atribuído ao ativista e pesquisador norte-americano Jay Westervelt. Em 1986, ele usou a palavra pela primeira vez na publicação de seu ensaio[24] sobre redes hoteleiras e a prática de reutilização de toalhas. Mas a popularização do termo se deu por meio da organização não-governamental Greenpeace nos anos 1990.

Desde então, diversas definições vêm sendo atribuídas e discutidas, tornando o conceito polifônico e sem uma definição geral. Em 1999, o termo foi adicionado ao Dicionário Oxford, definindo-o como "desinformação disseminada por uma organização para apresentar uma imagem pública ambientalmente responsável; uma imagem pública de responsabilidade ambiental promulgada por ou para uma organização etc., mas percebida como infundada ou intencionalmente enganosa"[25].

Na perspectiva de Brito[20] e Pagotto[26], "*greenwashing* se caracteriza como a divulgação e propagação de falsas, duvidosas ou oportunistas informações socioambientais, que induzam as pessoas a conclusões equivocadas sobre a natureza, atributos, benefícios, ou atividades da empresa que promove ou veicula tais informações".

Para a consultoria canadense de *marketing* ambiental TerraChoice, no documento intitulado *The Six Sins of Greenwashing*[27] (Os Seis Pecados do *Greenwashing*), que visa alertar consumidores sobre tais práticas, *greenwashing* é definido como "ato de enganar os consumidores sobre as práticas ambientais de uma empresa ou os benefícios ambientais de um produto ou serviço".

Em 2009, a consultoria lançou os resultados de uma pesquisa com a análise de milhares de produtos que alegavam ser verdes da Austrália, do Reino Unido e da América do Norte, e concluiu que mais de 98% dos 2.219 produtos entraram em conflito com um dos seis pecados do documento lançado em 2007. Isso é chocante! E mais, durante a pesquisa, um sétimo pecado foi identificado[28] – o pecado do culto/adoração a rótulos falsos. Essa emergência do sétimo pecado tem relação direta com a enxurrada de selos, certificações e prêmios "verdes" no mercado.

Uma pesquisa realizada pelo Instituto Brasileiro de Defesa do Consumidor (Idec), em 2019, apontou que 47,7% dos 509 produtos dentro das categorias limpeza, cosméticos e higiene e utilidades domésticas não eram realmente ecológicos, ao contrário do que seus rótulos manifestavam.

Diversos outros estudos[29] e pesquisas seguem elencando os "pecados" e as consequências da prática do *greenwashing*. O professor de sociologia da Universidade de Ohio, Stephen J. Scanlan, baseou-se nos sete pecados do *greenwashing* da TerraChoice[28] e adicionou à lista mais 6, apoiando-se em como a indústria do *fracking*[viii] de petróleo e gás dos Estados Unidos influen-

---

viii A atividade do *fracking* é uma modalidade de extração de petróleo com altíssimos custos socioambientais e que mudou radicalmente o cenário energético dos EUA e do mundo. "O *fracking* consiste em injetar no subsolo, a uma profundidade entre três e cinco mil metros, enormes quantidades de água sob alta pressão, misturada a substâncias químicas e areia ou cerâmica. Tais injeções causam microfissuras e fragmentação das rochas. A areia injetada permite manter abertos os intervalos, consolidados por tubulação de aço por onde se libera o gás ou o petróleo." (p. 266)[38] cia a percepção de risco dessa nova modalidade de extração, utilizando-se de práticas de *greenwashing*[30].

Estudando a fundo algumas dessas propostas, é possível ver que a adição de novos pecados vai esmiuçando os sete dos resultados da pesquisa da TerraChoice em 2009[28]. Abaixo listo os pecados, traduzidos e sintetizados que serão utilizados para as análises propostas neste capítulo.

4.2. Os sete pecados do *greenwashing*[28]

PECADO 1 – *Trade-off* camuflado ou custo ambiental oculto

O que é: sugerir que um produto é verde com base em um único ou poucos atributos ambientais, ocultando outras questões importantes relacionadas a ele de forma integral – às vezes até mais importantes do que o atributo escolhido para ser evidenciado. Essas alegações geralmente não são falsas, mas denotam uma imagem mais verde do que uma análise ambiental completa poderia resultar.

Exemplo: "feito com embalagem reciclada", "feito com embalagem compostável" e o produto em si ser altamente tóxico.

PECADO 2 – Pecado da não-prova

O que é: fazer uma alegação que não possa ser comprovada ou fundamentada por informações técnicas e/ou científicas que a suportem e que sejam facilmente acessíveis.

Exemplo: papéis higiênicos que dizem ter percentuais de material reciclado, mas sem qualquer tipo de comprovação ou informação.

PECADO 3 – Pecado da vaguidade

O que é: quando a afirmação é tão mal definida ou ampla demais, que seu significado real fica susceptível de ser mal interpretado ou incompreendido pelo consumidor.

Exemplo de afirmações vagas: "produto sustentável", "amigo do meio ambiente", "eco-consciente", "todo natural" (o arsênico é natural, assim como o urânio, o mercúrio e o formaldeído, e todos são venenosos). "Não--tóxico" (tudo é tóxico em dosagem suficiente. Água, oxigênio e sal podem ser potencialmente perigosos).

Exemplo: produtos de limpeza domésticos de uso geral que afirmam ser "não-tóxicos" sem explicação ou comprovação, como limpadores de banheiro "100% naturais".

PECADO 4 – Pecado da irrelevância

O que é: fazer uma alegação que pode ser verdadeira, mas não é importante para os cidadãos que procuram produtos socioambientalmente preferíveis. É inútil, pois não é um verdadeiro diferencial competitivo e, portanto, distrai a pessoa de encontrar uma opção mais ecológica. Geralmente tal alegação já é prevista na legislação e proibida. O exemplo que o documento da TerraChoice traz é de produtos que diziam em seus rótulos que eram livres de CFCs (clorofluorcarbonos), substâncias proibidas há 30 anos, mas utilizados como alegação sustentável.

Exemplo: inseticida livre de CFCs, lubrificantes automotores sem CFCs.

PECADO 5 – Pecado o mal menor

O que é: fazer alegações ambientais mesmo quando o produto de modo geral tem altíssimo impacto ambiental ou social negativo. "Consideramos uma alegação de cometer o pecado do mal menor quando qualificadores ambientais como 'orgânico' ou 'verde' são colocados em produtos em que toda a categoria é de valor ambiental questionável."[28].

Exemplos: (1) lubrificantes automotivos que se dizem carbono neutro. O lubrificante é um produto altamente poluente, não apenas em carbono, mas em todo o seu processo. (2) "Cigarros orgânicos": o tabaco orgânico pode ser uma escolha mais responsável para os fumantes, mas a maioria dos consumidores não deveria, em primeiro lugar, ser desencorajada de fumar?

PECADO 6 – Pecado da mentira

O que é: fazer alegações de sustentabilidade que são literalmente ou simplesmente falsas.

Exemplos: (1) detergente para lava-louças que se diz embalado em "papel 100% reciclado", mas em sua embalagem contém plástico. (2) Barril de petróleo carbono neutro[31].

PECADO 7 – Pecado do culto/adoração a falsos rótulos

O que é: nem sempre o consumidor consegue distinguir a diferença entre uma certificação ambiental real e uma falsa ou autodeclarada. Uma imagem parecendo selo ou certificação, com uma árvore ou uma figura do planeta Terra, podem confundir o consumidor. Dependendo do tipo de comunicação utilizada, propositalmente ou não, a imagem passa a impressão de que o produto foi certificado ou premiado por uma organização independente quando, na realidade, é uma autodeclaração feita pela própria empresa, fazendo o consumidor pensar que aquele produto tem um selo oficial ou é aprovado por algum órgão. Neste caso, não é a autodeclaração que incorre em erros ou ilegalidade e, sim, passar a impressão de que tal informação foi atestada por terceiros quando na verdade não foi.

Exemplos: o documento de pesquisa da TerraChoice mostra uma marca dos Estados Unidos que comercializa um papel alumínio com imagens de certificação com o nome do programa ambiental da própria empresa e sem maiores explicações; outro exemplo citado é um papel-toalha, de uma marca canadense, que usa imagem de certificação para tornar relevante a afirmação em negrito "este produto combate o aquecimento global".[27,28]

Figura 4
Os 7 pecados do greenwashing

Fonte: elaboração própria, baseada na obra *The Seven Sins of Greenwashing*[28].

4.3. De olho no *marketing* ambiental ilícito

Conversei com Letícia Méo, advogada e autora do livro "*Greenwashing* e o direito do consumidor: como prevenir (ou reprimir) o marketing ambiental ilícito"[32]. Ela estruturou três categorias de empresas em relação às práticas de *greenwashing*:

1. empresas que já nascem com o *drive* socioambiental, nas quais a ocorrência de tais práticas é usualmente nula ou rara;
2. empresas que cometem tais ações de forma dolosa, ou seja, sabem que estão praticando algo que não condiz com a realidade de seus processos, serviços e produtos;

3. empresas que desejam surfar a onda da sustentabilidade e acabam utilizando diversos tipos de apelos sem terem se especializado em diretrizes de *marketing* socioambiental e transparência. Por essa razão, os apelos de sustentabilidade são feitos sem técnica apropriada e acabam incorrendo em *greenwashing*, ainda que não propositadamente.

Nesses diversos matizes, tanto das formas de práticas de *greenwashing* quanto dos tipos de empresas que as praticam, é importante destacar que no direito brasileiro não existe uma definição legal ou jurisprudencial para definir a "lavagem verde"[20].

Apesar de não existir uma legislação específica para combater essas práticas, há instrumentos de partida para lidar com o problema. Letícia aponta que o próprio Código de Defesa do Consumidor (CDC) é um excelente instrumento. A especialista também destaca o papel do Conselho Nacional de Autorregulamentação Publicitária, o CONAR[ix], que têm o Anexo U[33], específico para publicidades que visam comunicar ou propagandear "Responsabilidade Socioambiental e para Sustentabilidade". O anexo vai ao encontro do que Brito[20] traz em seu recente artigo já citado: "embora seja possível a incidência normativa sobre a prática de *greenwashing*, o Poder Judiciário tem majoritariamente considerado a divulgação de informações enganosas sobre o meio ambiente passível de controle somente quando violam o direito do consumidor"[32].

Por todo o exposto, é fundamental que tenhamos atenção a essas práticas e seu aumento. A seguir, compilei práticas que estão se intensificando nos últimos tempos e deveriam ser **evitadas ao máximo** pelos negócios ecológicos, sobretudo os de pequena e média escala e que devem ser amplamente conhecidas por todos nós cidadãos.

---

ix CONAR é uma organização da sociedade civil fundada por entidades do mercado publicitário brasileiro para regular a publicidade no país e mantida com recursos advindos de entidades e empresas do próprio mercado.

4.3.1. Frete neutro + carbono negativo + compensação de carbono: o combo atraente (mas nada efetivo) da salvação climática

Nos últimos anos, pelo menos desde o protocolo de Quioto (1997)[34], emergiram fortemente no mundo das organizações, governos e produtos, as compensações de carbono ligadas principalmente ao frete "neutro" dos *e-commerces*, aos produtos "neutros" em carbono e/ou com compensação "negativa" desse gás. Essa última categoria abarca produtos que dizem compensar mais carbono do que a quantidade utilizada para a sua produção.

A prática vem sendo amplamente absorvida por empresas de todos os tipos e tamanhos, de joalherias a indústrias de petróleo (que estampam em seus lubrificantes automotivos o selo "neutro em carbono"), pequenos comércios e grandes corporações. Até mesmo os negócios mais orientados para as questões socioecológicas, que já contam com soluções mais efetivas nesse sentido, aderiram à atraente compensação de seus fretes, atividades e produtos estampando selos que "comprovam" estar compensando carbono de alguma forma.

Pessoas físicas que em nada têm a ver com o empresariado também têm compensado suas emissões, passagens aéreas etc., por meio dessa panaceia que virou o mercado de compensações.

Em minhas aulas e redes sociais venho há alguns anos levantando críticas a essa prática como *greenwashing*. Claro que não estou sozinha, mas fui algumas vezes rechaçada até por colegas de combate. E também vi outros fazerem publicidade de empresas que podem até ter boas intenções, mas que incorrem na prática da compensação de carbono como *greenwashing* e acabam alimentando o próprio sistema que vem degenerando o planeta.

Talvez nem Marx, que previu o capital especulativo, tenha imaginado que o ciclo de carbono da Terra seria especulado na bolsa de valores como uma *commodity* ambiental. Teria ele subestimado a criatividade do mercado financeiro globalizado do século 21? Não sabemos.

O fato é que, infelizmente, a compensação de carbono não traz e não trará benefícios para as questões climáticas que os discursos afirmam. Se você for dono de um pequeno negócio, então, esquece. Estará gastando dinheiro da sua enxuta margem de lucro em algo que não resulta naquilo que você gostaria.

Estamos em um processo de fetichização tão absurdo de mercadorias que temos acreditado em qualquer frase de efeito que o mercado estampe como salvação para o aquecimento global. No artigo científico *"The fantasy of carbon offsetting"*[35], Robert Watt[x] faz uma análise com abordagem psicanalítica da crítica da ideologia sobre o gozo ecológico com relação a compensação de CO_2 apontando que a compensação de carbono representa um desejo que temos em consertar ou reverter algum dano que estamos provocando.

> Em algum nível, as pessoas querem acreditar na compensação de carbono porque oferece reacender a promessa do capitalismo de que podemos desfrutar do consumismo sem nos preocuparmos muito com a crise ecológica, nos entregando a uma história sedutora de poder e *status* na qual outra pessoa limpa a bagunça que fizemos. Mesmo que você já seja um cético em relação à compensação, é melhor reconhecermos que essa fantasia é profunda.[36]

Para entender como a compensação se enquadra no mundo do *greenwashing*, quero me deter em discutir aqui três pontos cruciais:

1. Solução financeira para tratar questões das mudanças climáticas ou atrasar mudanças estruturais dos poluidores?
2. Queimar carbono de petróleo e compensar com sequestro de carbono de árvores não parece ser um bom cálculo contábil.
3. O mercado voluntário de compensações.

1. Solução financeira para tratar questões das mudanças climáticas ou atrasar mudanças estruturais dos poluidores?

O contexto macro que faz emergir o mercado de carbono é o aquecimento global, que teve início há 200 anos quando começamos a retirar petróleo, carvão e gás submersos e queimá-los, o que nos levou a um certo

---

x Robert Watt é professor de Política Internacional, University of Manchester.

tipo de desenvolvimento social (discutível). Esse processo gerou emissões de gases de efeito estufa na atmosfera – além de infinitos outros impactos socioambientais negativos –, provocando ao longo dos anos o aumento médio da temperatura global, um grande problema mundial.

Dentro desse contexto, é preciso destacar que a agenda neoliberal, o imperativo do crescimento econômico, a configuração do comércio global e a ideologia econômica vigente tiveram papel central na disparada das emissões a partir dos anos 2000[37].

Não há mais dúvidas para o fato de que o aquecimento do planeta é resultado das ações antropogênicas (humanas). Mas é importante pontuar que as emissões humanas não acontecem de forma homogênea. No mundo do paradigma colonial, desigual e globalizado, países do norte global são responsáveis por mais da metade das emissões de carbono desde a Revolução Industrial em relação aos países do sul global[xi]. Em termos populacionais, os 10% mais ricos são responsáveis por 49% das emissões antropogênicas de CO_2[38].

Fato é que antes de 1750, períodos pré-industriais, a concentração de CO_2 na atmosfera era de aproximadamente 280 partes por milhão (ppm), e hoje essa quantidade é de aproximadamente 418.36 ppm.

---

xi Sul e norte global são termos utilizados para designar países centrais e ricos do sistema capitalista (norte global) e países periféricos do sistema, o sul global. De toda forma, esse é um conceito geopolítico e não geográfico, pois países "pertencentes" ao sul global se localizam geograficamente também no hemisfério Norte. Um exemplo é a Índia, país do sul global, mas localizado no norte geográfico.

Gráfico 1
Aumento de CO_2 na atmosfera ao longo dos anos

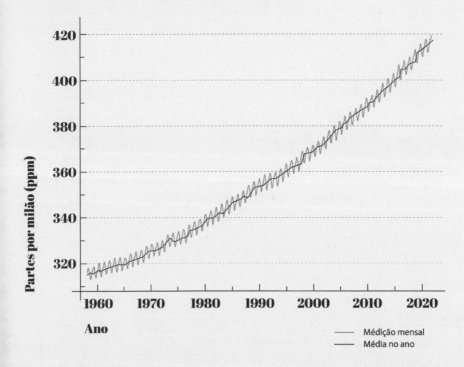

Fonte: traduzido de Mauna Loa Observatory[39].

De lá para cá, quanto mais gases de efeito estufa e mais emissões enviamos e acumulamos na atmosfera por meio de nossas atividades, mais a temperatura média do planeta aumenta. Isso tem diversas e graves consequências, como o aumento do nível dos oceanos e o degelo, a acidificação dos oceanos, as ondas de calor mais letais, os refugiados climáticos, os eventos meteorológicos extremos, entre várias outras.

Figura 5
Concentrações de dióxido de carbono em partes por milhão (ppm)

Fonte: elaboração própria, baseado em Blasing[40].

Diante de estudos e relatórios, uma cooperação global vai sendo desenhada entre os países[xii] na tentativa de reduzir as emissões e os impactos das mudanças climáticas. O consenso científico global nos diz que precisamos dirigir esforços para controlar o aquecimento global abaixo de 2°C, mas atentar para o limite de até 1,5°C[xiii] da temperatura média da Terra, o que é estimado com o acúmulo de 440 partes por milhão (ppm) de gases emitidos na atmosfera. Bater essa meta não é nada fácil. Mesmo que aconteça, isso não nos livrará dos problemas climáticos que já estamos enfrentando e ainda vamos enfrentar, como alguns dos citados acima.

---

xii Em 1988, o IPCC foi criado com a função de dar as bases científicas necessárias a fim de produzir o *estado da arte* quanto às questões climáticas, reunindo estudos do mundo inteiro para que os países e diversos agentes tivessem mais segurança na tomada de decisões que afetem o clima, por exemplo. São anos discutindo os rumos das mudanças climáticas, mas pouco sendo feito para mitigar as mudanças climáticas e o aquecimento global. As emissões, por exemplo, ao invés de diminuírem, vem aumentando.

xiii "o aumento atingido de 1,1°C em 2017 representa apenas uma média das temperaturas superficiais terrestres e oceânicas combinadas do planeta, pois em certas regiões esse aquecimento já superou o limiar de 2°C em relação ao chamado período pré-industrial." (p. 326)[38].

Não significa, de forma alguma, que devemos cruzar os braços. Na verdade, é necessário evitar cada décimo de grau que aumente essa conta, pois as consequências dos desastres são exponenciais. Saltar de 1,5°C para 3°C, por exemplo (ou seja, acima de 2°C das indicações científicas), seria um cenário catastrófico, de acordo com o Painel Intergovernamental sobre Mudanças Climáticas (IPCC)[41].

Isso funciona dessa maneira porque os gases emitidos e acumulados na atmosfera, aqueles de "efeito de vida longa" no sistema Terra, permanecem por anos ali, e sua remoção ocorre de forma mais lenta[42], como é o caso do CO_2, gás de vida longa, que estamos tratando aqui. Por isso também o aquecimento do período pré-industrial até o momento presente terá efeito por séculos e até milênios.

Para atingirmos a meta e mantermos o aquecimento médio global abaixo dos 2°C, é preciso "uma conversão a sustentabilidade [que] na escala e na rapidez necessárias requereria a desmontagem imediata dos paradigmas de energia, mobilidade e alimentação sobre os quais se assenta nossa civilização termofóssil" (p. 336)[38].

Ainda que pareça algo impossível e complexo, os últimos dois relatórios do IPCC apontam que nossos esforços devem ser direcionados para o enfrentamento ao colapso ambiental, pois são as emissões daqui para frente que serão cruciais no cenário socioambiental e climático futuros.

Agora que já entendemos o contexto do aumento de temperatura média do planeta e como isso se relaciona com as emissões da atividade humana, vamos falar sobre como a compensação de carbono utiliza esses dados reais para fazer dinheiro no mercado especulativo.

O mercado de compensação de carbono é essencialmente uma "solução" financeira que surge no Protocolo de Quioto[34], lá pelos idos de 1997. Seu objetivo prático acaba permitindo que países desenvolvidos possam fazer suas reduções comprando créditos de carbono de lugares onde isso "sobra", por isso "crédito", ao invés de fazê-las dentro de casa, com mudanças tecnológicas, dos modos produtivos e outras.

A criação desse mercado envolve disputas materiais e discursivas em torno da governança climática mundial, o que engloba diversos atores e interesses[xiv]. Em última instância, tem sido apontado mais como um instrumento que desvia mudanças estruturais importantes – ofuscando os problemas da questão climática em si, como superar os combustíveis fósseis e eliminá-los, o funcionamento do sistema produtivo, questões de justiça ambiental e o capitalismo em si – deslocando a questão de COMO as emissões devem ser cortadas para o QUANTO elas podem ser cortadas[43]. Trata-se de uma "licença para poluir", na qual os grandes poluidores em vez de centrarem seus esforços em descarbonização, mudanças de tecnologias, quebras de patentes verdes etc., compram créditos no mercado para compensar suas emissões, arrastando por décadas a supressão das reais causas da crise ecológica e ambiental.

Os mercados de carbono abstraem as características políticas ou sistêmicas da crise climática, fetichizando as moléculas de CO_2, nos fazendo desejar as mercadorias moleculares que resultam do processo. O CO_2 se torna uma entidade a ser erradicada para que o sistema "volte ao normal" – a neutralização, nesse contexto, é igual a uma fantasia de limpeza, que pretende remover o CO_2 que está ameaçando o sistema de gozo do capitalismo[35].

2. Queimar carbono de petróleo e compensar com sequestro de carbono de árvores não é um bom cálculo contábil

Mas você pode estar pensando agora: "Eu tenho um pequeno negócio e, de um tempo pra cá, me preocupo em apoiar ações ecológicas e contribuir com a mitigação das mudanças climáticas. Então, compensar o frete é

[xiv] Entre os principais investidores e especuladores em *commodities* de carbono estão – além do Goldman Sachs – Deutsche Bank, Morgan Stanley, Barclays Capital, Fortis, Rabobank, BNP Paribas Fortis, Credit Suisse, Sumitomo, Kommunalkredit, Merrill Lynch e Cantor Fitzgerald. O JP Morgan Chase abocanhou as empresas de compensação de carbono Climate Care e EcoSecurities. Tal como acontece com os derivados, uma série de novas instituições especializadas também foram criadas para lidar com as novas *commodities* de poluição, com nomes como Sindicatum Carbon Capital, NatSource Asset Management, New Carbon Finance, Carbon Capital Markets, Trading Emissions plc, South Pole Carbon Asset Gestão, Noble Carbon e assim por diante. Em 2008, existiam cerca de 80 fundos de investimento em carbono, em grande parte orientados para a especulação[43].

melhor do que não fazer nada. Enquanto isso, vou pensando em alterações mais profundas na estrutura do meu negócio, certo?". Errado.

Quando entrevistei o professor Alexandre Araújo Costa, da Universidade Estadual do Ceará (bacharel em Física pela Universidade Federal do Ceará, mestre em Física pela mesma universidade, doutor em Ciências Atmosféricas pela Colorado State University e PhD pela Yale University), perguntei se a compensação de carbono pode ser enquadrada em *greenwashing*. Ele rapidamente respondeu: "Evidentemente que sim!".

Estamos compensando estoques de carbono diferentes em qualidade. Podemos pensar de forma contábil simples, como o mercado nos induz a fazer: "queimo um átomo de carbono e compenso sequestrando outro átomo de carbono e fica elas por elas, certo?", diz ele. Mas não é assim que funciona na complexidade da natureza. O professor Costa comenta:

> O estoque fóssil do carbono é permanente, de baixíssima volatilidade. As reservas minerais de carvão, petróleo e gás dificilmente aflorariam à superfície se não fosse a ação humana. Não fosse por isso, ficariam embaixo da terra talvez para sempre. Já quando você está falando de carvão biológico, ou seja, de plantar uma árvore, você está colocando em cena um carbono de altíssima rotatividade, que é volátil, tem uma alta taxa de comunicação com a atmosfera via fotossíntese, respiração, e que, especialmente dado o aquecimento global, é um carbono fracamente ligado à superfície. Estamos falando em estoques de carbono que têm papéis diferentes dentro do sistema Terra, com taxas próprias de reciclagem: um é virtualmente zero, praticamente não é reciclável; o outro entra em uma dinâmica de alta velocidade, é o ciclo rápido do carbono, o ciclo biológico... Se você for realmente rigoroso, não existe compensação de carbono. É uma fantasia!

Veja também o que diz o observatório do mercado de carbono, o *Carbon Market Watch*, sobre estoques diferentes de carbono e compensações:

"Créditos de compensação de REDD+[xv], florestamento e reflorestamento ou outros sistemas biológicos não devem ser usados para compensar qualquer uso de carbono fóssil."[44]

Figura 6
Ciclos dos diferentes estoques de CO_2

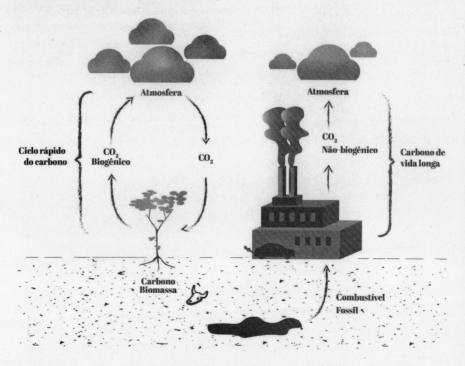

Fonte: elaboração própria, baseada em IEA Bioenergy[45].

---

xv REDD é a sigla para Redução de Emissões por Desmatamento e Degradação Florestal. Segundo o conceito adotado pela Convenção de Clima da ONU, se refere a um mecanismo que permite a remuneração daqueles que mantêm suas florestas em pé, sem desmatar, e com isso, evitam as emissões de gases de efeito estufa associadas ao desmatamento e degradação florestal. Desde que surgiu a sigla REDD, na COP13, experiências (projetos, programas e fundos) de REDD e atividades de preparação vêm sendo desenvolvidas. Porém, é necessário diferenciá-las da política de REDD ainda em construção no âmbito da ONU. Posteriormente à criação deste conceito, a Convenção incluiu na sua definição também atividades de conservação, manejo sustentável das florestas e aumento de seus estoques em países em desenvolvimento. Estes componentes deram origem ao REDD+ ou REDD plus[88].

Costa afirma que esse mecanismo poderia até ser admitido e funcionar de forma circunscrita em setores de difícil descarbonização, mas que antes de esses setores adotarem o mecanismo deveriam reduzir suas atividades (siderurgia e aviação, por exemplo, que a médio prazo só conseguirão ser neutros em carbono talvez com a chegada do hidrogênio), e completa:

> A ideia que se poderia ter de compensação de carbono com algum sentido seria: um mecanismo de suporte ao setor de mais difícil descarbonização, apenas no período de transição desses setores. Só que aí virou essa moda de 'compensar minha viagem'. O carbono virou uma moeda especulativa.

Outro aspecto sobre o qual falamos foi de emissões que não deveriam existir e que passam a acontecer porque há um suposto mecanismo para compensá-las. Costa alertou, inclusive, sobre um possível efeito rebote, deflagrando outros mecanismos perigosos, entre eles apropriação de territórios, até áreas públicas, de povos originários, e acontecer uma corrida à especulação de terras[46], para serem utilizadas para o mercado de carbono, funcionando como fonte de conflitos territoriais ainda mais complicados dos que já conhecemos hoje.

Podemos concluir juntos que compensar a emissão de origem fóssil plantando árvores não deveria ser entendido como um mecanismo de redução de impactos e sustentabilidade. Portanto, você que tem um negócio ou que pretende ter, não faz sentido compensar seu carbono do ponto de vista de reais soluções para a mitigação do aquecimento global e mudanças climáticas. Ao contrário, quando as pessoas e negócios passam a compensar carbono, o alívio e a boa intenção de contribuir com algo tão importante desviam esses esforços de ações que efetivamente pressionam e provocam mudanças estruturais. Nosso foco para a redução das emissões precisa ser encontrar matérias-primas, processos produtivos e formatos de entregas que pressionem a supressão dos combustíveis fósseis, além da real redução de consumo.

3. O mercado voluntário de compensações

Mesmo antes da discussão do artigo 6 do Acordo de Paris[47], que trata dos instrumentos para a criação de um mercado global de carbono, os créditos vêm sendo negociados, um mercado bilionário e promissor. A pergunta é: Para quem? Mecanismos de mercado têm condições efetivas para resolver a crise climática? De que forma?

É importante lembrar que, desde a criação dos mercados de carbono, dois tipos deles foram crescendo em paralelo. O chamado (1) **mercado voluntário de carbono** ou VOCs (sigla em inglês), "se desenvolveu independentemente do regime regulatório internacional do clima e qualquer pessoa – ONGs, empresas, indivíduos – pode produzir e consumir compensações voluntárias da maneira que quiser"[48]. Esse mercado voluntário é diferente, mas não menos problemático do que o (2) **mercado de carbono regulado ou em conformidade**, que segue um conjunto complexo de regras internacionais, administrado pelo Conselho Executivo da Convenção-Quadro das Nações Unidas sobre a Mudança do Clima (*United Nations Framework Convention on Climate Change*, UNFCCC). Apesar de anos de desenvolvimento, experiência e revisão, o método para avaliar a adicionalidade[xvi] dos projetos permanece controverso[48].

No Brasil, não existe mercado regulado de carbono. Ele é, e sempre foi, 100% voluntário[xvii]. Ou seja, o mercado de compensação voluntária é informal, sem definição padrão para créditos, com calculadoras de carbono variadas, menores custos de transação e ainda infinitamente menos burocrático do que o mercado regulado. Apesar de neste momento tramitar no Congresso o projeto de lei 528/2021[49], que pretende regulamentar o mercado

---

xvi Em termos simples, adicionalidade significa que uma intervenção política resulta em uma atividade ou em algo que não teria ocorrido na ausência dessa intervenção.

xvii Existe o Projeto de Lei 528/2021[49] que regulamenta o Mercado Brasileiro de Redução de Emissões (MBRE), determinado pela Política Nacional de Mudança do Clima – Lei nº 12.187, de 29 de dezembro de 2009.

de emissões brasileiras e está sendo bastante pensado e articulado pelo empresariado brasileiro[xviii].

Isso é muito esperado, já que o setor vem atuando há anos no Brasil na modalidade de mercado voluntário. Não é nada desinteressado, ao mesmo tempo preocupante, pois esse ator dentro do sistema de disputas vai puxar sardinha e não será para o meu lado de ativista e socioambientalista.

Veja o que diz o empresário Luis Felipe Adaime, o dono da empresa brasileira Moss Earth, autointitulada a maior de compensações de carbono do mundo, no vídeo "Entenda os créditos de carbono e o diferencial do MCO$_2$ Token"[50] no YouTube.

> Quem vai batalhar pelo combate às mudanças climáticas e pelo desmatamento da Amazônia? Vai ser o governo? Vão ser as ONGs? Elas são muito, muito bem intencionadas, mas falta apoio a elas, não só financeiro, mas também do ponto de vista de apoio da sociedade e tal (...) E o governo é sempre o governo, sempre acho que tem uma certa ineficiência para a proteção das florestas (...) então talvez caiba a nós, pessoas que não têm muito a ver nem com ONGs nem com o governo, passarmos a atuar mais nesse setor, e fazermos algo a respeito da destruição do planeta e da natureza.[50]

Nós quem? Iniciativa privada... E somente se for lucrativo! No vídeo, Adaime mostra vários dados ambientais e desastres provenientes das alterações climáticas. Ele explica como uma árvore sequestra carbono e como acontece a evolução do acúmulo de gases na atmosfera para apresentar a solução que sua empresa criou para "salvar o planeta". Em um dado momento, ele responde o que é a Moss e usa o exemplo da Amazon.com para explicar o que faz:

> (...) a Amazon.com comprava livros no atacado em grandes quantidades a preços descontados, e vendia no varejo com preço maior. Livros digitais na época em que todas as livrarias eram de tijolo, negócios físicos. Substitua livros por crédito de

---

[xviii] Principalmente pelo Conselho Empresarial Brasileiro para o Desenvolvimento Sustentável (CEBDS).

carbono e o digital por *blockchain* e isso é a Moss (...). Compramos crédito de carbono no atacado nos projetos florestais. Milhões e milhões de créditos de carbono com preço descontado, porque a gente tá comprando muita coisa, e a gente vende no varejo, tanto para pessoa física quanto para as empresas (...) A gente já compensou o iFood, C6, banco digital, vários atletas, ex-atletas, a Arezzo que faz sapatos (...).[50]

Sem entrar no debate atual de como o *blockchain* gera CO_2[xix] e seus impactos ambientais[51], dá para entender que a crise climática – e a destruição do planeta é o pano de fundo de um negócio financeiro – e esse mecanismo se vale da fragilidade geral e da vontade de fazer algo em relação à catástrofe, e também da falta de conhecimento do ciclo de carbono da Terra por parte das pessoas e do próprio mercado de créditos financeiros.

Em 2019, eu mesma "compensei" carbono de viagem aérea achando incrível que a companhia me dava essa opção na compra da passagem. Já fiz palestra sobre o assunto e até aquele momento eu ainda estava caindo no discurso de "compensar apenas aquilo que não foi possível reduzir".

No entanto, comecei a achar estranha a conexão direta com o mercado financeiro. Muitas marcas usando esse discurso da compensação largamente como alegação ambiental. Passei a ler artigos e a conversar com especialistas. E quando você questiona e vai atrás da informação, se tiver algo errado, você geralmente encontra a resposta.

É importante nos perguntarmos: Quem são os fundadores e donos dos negócios que apoiamos ou mantemos alguma relação comercial? Quando se começa a fazer essa pergunta, uma enorme quantidade de respostas sobre o negócio aparece.

O Luis Felipe Adaime, da Moss, fez sua carreira inteira no mercado financeiro, gerenciando fundos de investimento. Ele desconhecia o mercado de carbono e passou a estudá-lo por motivações externas, como o nascimento da filha e a preocupação com o planeta que vai deixar para ela.

---

xix O site digicomunist.net atualiza desde 2016 o consumo energético e diversos dados gerados pelo bitcoin.

Antes que pareça perseguição à Moss, a grande maioria das empresas que trabalham com compensação funciona da mesma maneira, tanto no mercado europeu (as que operam no mercado voluntário) quanto no brasileiro. São empresas e pessoas que acreditam que mecanismos financeiros vão resolver a crise climática. Eles apostam que o mecanismo de carbono vai reduzir os impactos. Mas estão sendo agentes do atraso de uma transformação radical (de raiz) e necessária.

Juntando estudos sobre os relatórios do IPCC, referências do professor Marques, do professor Alexandre Costa, as minhas décadas de ativismo socioambiental e diversos estudos e artigos acadêmicos chegamos a alguns pontos de mudanças necessários para caminharmos em direção a uma sociedade mais justa e ecológica e reduzir os impactos climáticos. As soluções mais efetivas seriam:

- precisamos manter 90% das reservas de carvão, petróleo e gás existentes intactas, ou seja, suprimir imediatamente a queima de combustíveis fósseis;
- o fim da cultura do descarte e uma mudança radical nas formas de produção e consumo;
- mudar a matriz energética global para energia limpa e, imprescindivelmente, que seja socialmente justa;
- descontinuar o uso de pesticidas e agrotóxicos e frear a intoxicação química dos solos, organismos e das águas;
- incentivar a agricultura agroecológica, regenerativa e permacultural em detrimento do modelo atual;
- mudança no sistema de transporte de predominantemente individual para coletivo e limpo e a descontinuação dos movidos a fósseis;
- mudança de hábitos alimentares radicais, com a redução drástica da produção e do consumo de carne e derivados;
- zerar o desmatamento e restaurar em grande escala as florestas e espécies nativas recuperando a biodiversidade.

Se o seu negócio promove qualquer uma dessas frentes, você já está em consonância com a mudança real. Compensar carbono não entra no seu *hall* de decisões! Já se a sua empresa não está engajada em nenhuma dessas frentes, espero que a leitura deste livro ajude a encontrar direções para entrar na rota do futuro ecológico e único possível para nós.

Do ponto de vista da prática de *greenwashing*, quando um negócio estampa suas compensações de carbono é possível enquadrar essa alegação em diversos pecados. Se a compensação é para neutralização de frete com plantação de árvores, a prática pode ser enquadrada no pecado 5, "o mal menor", no pecado 1, "*trade-off* camuflado", no pecado 4, "da irrelevância" e até mesmo no 6, "da mentira". Um exemplo são as passagens aéreas, que emitem CO_2 de combustível fóssil e compensam com CO_2 de árvores.

Caso a compensação seja para a produção de algum produto, pode incorrer no pecado 3, "da vaguidade", ou no 2, "da não prova". Tudo vai depender de como as empresas divulgam e explicam essas informações, por exemplo, quais calculadoras são utilizadas para chegar à quantidade de carbono emitido e compensado, o tipo de carbono emitido (fóssil ou biológico) e muitas outras que não apenas "produto carbono neutro", além de que tais informações precisam estar facilmente acessíveis.

A seguir vamos entender mais sobre a prática de *greenwashing*, dessa vez no mercado da moda.

4.3.2. Tecidos reciclados? Que incrível! Hummm, depende...

Da produção à fabricação, distribuição, uso e descarte da indústria têxtil e da moda, todos os processos provocam impactos socioambientais negativos sérios. O desastre anunciado que está inundando o mercado *fast fashion* na Europa (e que vou expor aqui a seguir) é uma pequena parte do contexto geral da segunda indústria mais poluente do mundo: os tecidos reciclados que levam fibra sintética na composição.

Exploração humana e animal, desperdício de água e mais de 15 mil tipos de produtos químicos utilizados na fabricação são pilares da indústria têxtil globalizada que produz, além de toneladas métricas de roupas todos os anos, uma distribuição desigual das suas consequências socioambientais[52]. Um modelo de negócio que cresce todos os anos, em parte impulsionado pelo *fast fashion*, que produz milhões de toneladas de roupas de curta duração, de consumo frequente e em excesso.

Mas você deve se perguntar: "Tecidos reciclados devem ser bons para o ambiente, não? Eles vêm de uma matéria-prima já utilizada antes, ou seja, que não é virgem, e voltarão para o consumo, como uma espécie de *upcycling*, certo?". Então, eu pergunto: "Adianta colocar algumas toneladas de novas coleções na sessão *green* da loja e do *e-commerce fast fashion* utilizando atributos de sustentabilidade para vender algo que tem impactos quase nada diferentes em relação ao tecido virgem?". Conversei a respeito com a Marina Colerato, jornalista, pesquisadora e diretora do Instituto Modefica:

> É claro que quando a gente olha para o PET reciclado, em termos de análise do ciclo de vida, ele tem muito menor impacto, sobretudo no que tange às emissões referentes à extração do petróleo virgem. Então, você está trabalhando com uma matéria-prima que, de fato, do ponto de vista **quantitativo** tem menor impacto, neste ponto específico.

O número de toneladas métricas de fibras têxteis produzidas entre 1975 e 2020 praticamente quintuplicou, passando de 24 milhões de toneladas métricas para mais de 108 milhões de toneladas métricas, como demonstra a linha cinza do gráfico 2.

Gráfico 2
Volume de produção mundial de fibras têxteis de 1975 a 2020

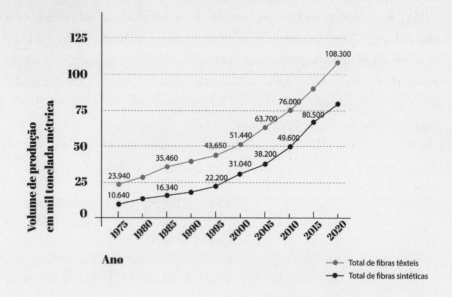

Fonte: traduzido de Fernández[53].

Além disso, a produção foi sendo entupida de plástico ao longo dos anos, o que torna, não apenas a dimensão da **produção** e do **descarte** das roupas e tecidos extremamente problemáticos para os corpos d'água, mas também o **uso** desses produtos um problema ambiental avassalador (com os microplásticos).

A produção de fibras sintéticas, que incluem poliéster, elastano, poliamida, fibras celulósicas artificiais, como viscose ou *rayon*, passou de quase 11 milhões de toneladas métricas (1975) para mais de 80 milhões de toneladas métricas (2020), veja a linha preta no gráfico 2. Desde a produção até as lavagens provenientes do uso, e no pós-consumo/descarte, as fibras sintéticas são a maior fonte conhecida de poluição microplástica oceânica, responsáveis por nada menos do que 35% dessa poluição[54].

Esses impactos são atrelados ao hiperconsumo requerido pelo modelo de produção capitalista, à empregabilidade de fibras sintéticas em roupas que não justificariam o seu uso (diferente das roupas para esportes que precisam desse tipo de material) e a um erro do setor em usar resíduos de outros setores. A moda vem utilizando resíduos de outras indústrias, como a do petróleo e a alimentícia, com o uso de PET reciclado, como bem sinalizado por Marina Colerato:

> O volume [de produção] é nocivo por si só. A gente produz no Brasil 9 bilhões de peças ao ano, mais peças do que temos de população no planeta inteiro. E não somos o maior produtor de roupas do mundo, ainda tem China, Índia, Bangladesh, outros países que são os produtores globais de roupas. Então, não é sobre vilanizar uma determinada fibra. A gente precisa reduzir o consumo de todas as matérias-primas e de todos os recursos, conforme mostram praticamente todos os relatórios sobre barreiras planetárias[xx]. Por outro lado, precisamos aplicar o *design* inteligente da matéria-prima, manter os têxteis no ciclo fechado sem recorrer ao lixo de outros setores. Dar conta do próprio resíduo do setor da moda e entender as alternativas de melhor impacto.

No Brasil, a moda do PET reciclado empregado nas roupas, misturado aos tecidos, é catastrófica, ao ponto de existirem camisetas 50% algodão orgânico misturada com 50% PET reciclado – e está cheio de negócio "sustentável" comercializando esse "monstro híbrido"[xxi] por aí. Além disso, estamos

---

[xx] Um grupo de cientistas investigou e mapeou os nove processos que regulam a estabilidade e resiliência do sistema Terra. Após o mapeamento foram definidos limites que não devem ser ultrapassados dentro desses nove processos. Portanto, essas "barreiras" são marcadores que, caso sejam ultrapassados, podem levar a riscos e rupturas irreversíveis para o sistema de sustentação da vida planetária.

[xxi] Termo retirado do livro *"Cradle to Cradle: remaking the way we make things"*[89] para designar diversos materiais misturados em produtos que depois dificultam seu processo de retorno à cadeia produtiva, porque sua reciclagem se torna praticamente impossível.

transformando o PET, que é um problema visível, em um problema invisível e de difícil solução, os microplásticos.

Precisamos considerar que roupas são lavadas com frequência, além de que aquelas com fibras sintéticas não são nada indicadas ao clima tropical, por não proporcionarem conforto térmico. Esse é um dos pontos levantados por Marina Colerato em nossa conversa, enfatizando que precisamos usar as fibras plásticas exatamente onde são necessárias. "Existe um benefício narrativo do uso do poliéster reciclado, de que ele emite menos gases de efeito estufa e tem menos impacto em se tratando da questão do aquecimento global", afirma.

O discurso em torno das roupas com PET reciclado utiliza atributos de sustentabilidade e as pessoas ficam mais propensas a comprá-las, acreditando que estão fazendo escolhas conscientes e sustentáveis. Quando abordei esse assunto em minhas redes sociais, incontáveis vezes as pessoas declararam isso. Porém, "a quantidade de fibra reciclada [PET reciclado] empregada na indústria da moda, apesar de causar danos gravíssimos ao ambiente, não chega nem a arranhar a cadeia da moda, muito menos do petróleo, não provocando diminuição de extração de petróleo virgem", afirma Marina Colerato.

Figura 7
Preferência de utilização de fibras e materiais têxteis.

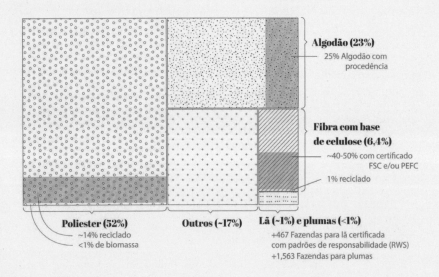

Nota: dos 52% de poliéster, 14% é reciclado, pouco mais de 7% do total de fibras da figura. O que nem arranha o mercado da moda global.

Fonte: elaboração própria, baseado em Textile Exchange[55].

O uso de atributos de sustentabilidade para tecidos reciclados com fibras sintéticas pode ser considerado prática de *greenwashing* e pode se enquadrar no pecado 1, "*trade-off* camuflado", pois sugere que o produto é "verde", mas oculta os impactos gerados pelo microplástico das lavagens, por exemplo. Também pode incorrer no pecado 4, "da irrelevância", quando a alegação ou o atributo até é verdadeiro, mas diante do produto como um todo é inútil, «distraindo a pessoa de encontrar uma solução mais ecológica». Isso, porque, o poliéster reciclado do tecido é uma reciclagem irrisória, que não resolve o problema da indústria, mas passa uma imagem de que algo de muito importante está sendo feito. Também pode incorrer no pecado 3, "da vaguidade", considerando que é uma informação genérica e que leva de forma geral as pessoas a acreditarem que aquele produto é "mais verde" por ter 50% de matéria reciclada – sem considerar ou falar dos impactos negativos da matéria-prima reciclada.

Caso as informações técnicas-científicas sobre o uso da matéria-prima reciclada não comprovem um melhor uso em comparação às convencionais, e se essas informações não estiverem facilmente acessíveis e compreensíveis para o consumidor, o pecado 2 da "não prova" pode ser considerado.

Assim como no processo de reciclagem de modo geral, confiar que a reciclagem na indústria da moda será a resolução dos problemas, ou uma solução circular, é ingenuidade. Esse processo deveria ser a última opção, ainda assim depois de uma longa aplicação de circularidade, medidas de justiça social e ambiental[xxii] e migração efetiva para materiais realmente sustentáveis. De acordo com o relatório do *Fashion Revolution*[56], trata-se ainda de um tímido processo do mercado:

> uma em cada cinco marcas analisadas no Índice de Transparência da Moda Brasil divulga uma estratégia para a gestão de materiais sustentáveis, de forma mensurável e com prazo determinado. Ainda que investir em iniciativas circulares e na reciclagem de têxteis seja uma boa alternativa, isso, por si só, não resolverá os problemas de superprodução e superconsumo da indústria. Desacelerar, produzir menos, com mais qualidade e prolongar a vida útil das roupas e materiais existentes será essencial para reduzir as emissões de gases de efeito estufa, conter o descarte e mitigar a degradação ambiental, garantindo assim um futuro melhor para a moda e o planeta.[56]

A pesquisadora Marina Colerato complementa:

[xxii] Justiça ambiental se relaciona com a questão da distribuição desigual das consequências ambientais na sociedade, na qual grupos minoritários e vulneráveis acabam, historicamente, sofrendo maiores consequências dos impactos negativos decorrentes do modelo hegemônico vigente, sendo estes os não responsáveis por tais impactos.

O problema é que trabalhar com o tecido PET não diz respeito ao resíduo da indústria têxtil. A gente deveria estar investindo em tecnologia e alternativas para reciclar o poliéster, que já está na forma têxtil, e não pegar o lixo de uma outra indústria, que inclusive tem um papel enorme [em termos de impacto negativo ambiental] e que precisa se responsabilizar por isso. Mesmo porque a moda não dá conta de reciclar tudo o que se produz de garrafa PET. Então, não resolve nenhum problema. A conta não fecha. Diminui o consumo de petróleo virgem? Não necessariamente.

Outro ponto que desvia o debate sobre as mudanças que a indústria da moda precisa produzir gira em torno da afirmação de que o *fast fashion* promove a "democratização" da moda, possibilitando acesso às pessoas, justamente fundamentado na compra de matéria-prima barata e condições de trabalho precarizadas de forma global. Provocar acesso e inclusão em cima da espoliação de pessoas e da natureza, em uma cadeia produtiva que sangra no seu percurso, pode ser considerado democratizador? Colerato questiona:

> Se por um lado o *fast fashion* se vende como democratizador da moda, por outro, se a gente for acompanhar as estatísticas sociais, o que temos no mesmo período é uma pauperização da população e a instabilidade das redes produtivas. É democrático para quem? Para alguém usar uma roupa produzida em cima de trabalho escravo? Você pode comprar uma blusa de R$ 10, mas não ter dignidade de acesso à saúde. Na verdade, a gente precisa de maior renda para as pessoas acessarem produtos com valores justos.

A falsa afirmação sobre a democratização do *fast fashion* não se sustenta quando conseguimos ter uma visão ampla e crítica da indústria[57]. O recorte de análise sobre o *fast fashion* proposto neste capítulo é bastante específico e está longe de esgotar o debate. A discussão proposta pretende jogar luz em apenas uma das práticas que podem ser enquadradas como *greenwashing* e que é tendência no mercado global atual. Está longe de afirmar que o PET reciclado é vilão e o algodão é mocinho, ou mesmo de vilanizar qualquer fibra. É preciso olhar com mais profundidade para o modelo produtivo e para o hiperconsumo de maneira crítica, questionar e pressionar para mudanças no setor, e isso precisa caminhar junto com justiça socioambiental.

Novos modelos de negócios são necessários para mudar o paradigma atual da moda. É preciso que todas as partes interessadas estejam trabalhando juntas para transformar e apoiar alternativas viáveis do ponto de vista socioecológico: indústria, novos negócios, cidadãos, consumidores informados (que podem mudar seus hábitos, principalmente reduzindo o consumo), formuladores de políticas públicas e das regras globais para negócios[52].

4.3.3. Bioplástico ou plástico compostável? Plástico verde? Oxi-biodegradável? Afinal, essas embalagens são sustentáveis?

Estamos vivendo, ou ao menos tentando propor, uma guerra contra o plástico. Esse movimento se intensifica na medida em que estudos escancaram os impactos negativos desse material, tanto no ambiente quanto na vida de animais e seres humanos. Quem aqui lembra do vídeo viralizado que mostra um canudo no nariz de uma tartaruga marinha?

É indiscutível que os plásticos estão presentes, desde as cinco ilhas de sopa plástica[58] que se formaram em nossos oceanos ao longo dos últimos anos, até pedaços invisíveis, as nanopartículas, visíveis na placenta humana[59], em nossa corrente sanguínea[60], em 93% das amostras de águas engarrafadas do mundo e em 83% das águas de torneira ao redor do planeta[61]. E, sim, no gelo dos pólos[62].

Dentro da categoria de plásticos de uso único, de acordo com o *Plastics Europe*, 40% da produção do plástico convencional se destina a embalagens[63], para termos uma dimensão do tamanho dessa indústria.

A primeira vez que me choquei com uma notícia sobre o impacto global gravíssimo do plástico foi em 2016, quando assisti o documentário "*A Plastic Ocean*"[64], que mostra o intenso trabalho de uma bióloga no Atol de Midway. Ela fazia lavagem estomacal em aves filhotes, que eram alimentadas por seus pais com plástico confundido com comida e não conseguiam voar, pois ficavam pesados. Veja, a ilha fica em um local a mais de seis mil quilômetros de qualquer comunidade humana. Esses milhares de quilômetros não foram suficientes para manter as aves sem pedaços de plástico dentro de seus estômagos. O grande choque é que as aves se alimentam de plástico e, "cheias", morrem de fome.

A polimerização, processo pelo qual o plástico é produzido, revolucionou todas as esferas de mercados: roupas, alimentos, farmacêutica... Em qualquer indústria que você imaginar, o plástico é onipresente e onipotente. E ele o é porque advém do petróleo, o mineral que orienta e organiza a nossa sociedade há mais de dois séculos. Além de ter propriedades que servem muito bem à nossa sociedade de mercado e consumo – é versátil, leve, flexível, moldável, durável, resistente –, é um ótimo material para impulsionar a globalização da economia, onde produtos e mercadorias têm livre circulação. O plástico é produzido com o resíduo da indústria petroquímica, por isso é extremamente barato, o que o torna uma alternativa altamente competitiva em qualquer tipo de mercado.

Conversei com a Ívi Martins de Carvalho, pós-doutora em polímeros pela Universidade de Campinas, e ela explicou de forma muito didática o que é o plástico:

> Pense nos polímeros como um quebra-cabeça: você tem muitas pecinhas iguais que se encaixam uma na outra e formam uma cadeia longa, muito longa, daí o nome: poli = muitos, meros = partes. Esses materiais podem ser:
>
> 1. **termoplásticos** e modificarem sua forma com a aplicação de calor: como acontece com as garrafas PET – elas se iniciam pequenininhas como um tubo de ensaio e são esticadas para terem o tamanho e formato das garrafas que são vendidas no mercado;
>
> 2. **termorrígidos** ou **termofixos** e não modificarem sua forma com a aplicação de calor: isso vale para os fios dos tecidos sintéticos, para a tinta da parede de casa ou para o esmalte. Uma vez que o solvente evapora, só lixando ou usando outro solvente mais forte para o retirar do lugar, como a acetona, por exemplo;
>
> 3. **elastômeros** como a borracha, tanto a natural quanto a sintética.

Com o aumento do conhecimento e do debate sobre os impactos negativos dos plásticos, estudos e comprovações de seus danos e todos os movimentos sociais organizados e crescentes contra ele (movimentos Plastic Free, Zero Waste, Julho sem Plástico, entre outros), inovações começaram a pipocar como alternativas, mas ainda de forma tímida quando falamos em substituições em escala. É o caso de biomateriais feitos com algas ou micélio, fibras de banana e outros que ainda estão sendo estudados e parecem atender às necessidades ambientais e comerciais para substituir o plástico sem prejudicar o planeta.

Enquanto isso, na busca de encontrar "o substituto" para esse "plástico ruim", falsas alternativas têm inundado o mercado, estampando diversos apelos de falsa sustentabilidade em seus rótulos e propagandas. No meio desse mar de atratividade das embalagens biodegradáveis, compostáveis e verdes, como não cair em *greenwashing*?

Entender cada um dos materiais e aprofundar o conhecimento sobre a questão é uma das alternativas. E vou aprofundar isso com vocês, a seguir.

Bioplástico

Para começar, o nome bioplástico nos remete a algo bom, pois quando lemos "bio" em algo, logo nos conectamos à palavra vida e já começa a confusão. Bioplástico, ou melhor, "biopolímero" (*bio* = biomassa, *poli* = muitos e *meros* = partes) é um termo abrangente e pode ser usado para definir três grupos principais de plásticos:

> um material plástico é definido como bioplástico se for de (1) plásticos de base biológica ou parcialmente de base biológica, **não biodegradáveis** – [os famosos] *bio-based*, feito de plantas; (2) plásticos de base biológica **e biodegradáveis** ou (3) plásticos baseados em matérias-primas fósseis e **biodegradáveis**.[65]

Figura 8

Tipos de polímeros

Feito de Plantas

1.a Polímeros convencionais feito de plantas (drop-in)

(Feitos de planta ou parcialmente)

PE, PP, PET, PVC

Aplicações: plástico I'm green da Braskem, utensílios descartáveis (especialmente PE e PP), os fios e cabos, canos e outros itens de aplicação em construção civil (principalmente PVC), mas o PVC também faz as bolsas de sangue e também "couro vegano" ou couro sintético

1.b Polímeros de desempenho técnico de base biológica

PA, PTT, PBT e PUR

Aplicações: fibras têxteis (capas de assentos, tapetes) das aplicações automotivas; PUR é o material da espuma do colchão, do solado do tênis, também pode-se fazer "couro vegano" ou couro sintético, e o teflon

BIODEGRADÁVEL COMPOSTÁVEL Não Biodegradável

2. Polímeros biodegradáveis, bio-based

(Feitos de planta)

PLA, PHA e celofane

Aplicações: materiais para fins biomédicos como suturas e curativos, o fio dental feito de milho com cera vegetal, algumas embalagens de alimentos no mercado europeu e brasileiro, saquinho de celofane 100% feito de celulose puro, aplicações têxteis.

BIODEGRADÁVEL COMPOSTÁVEL INDUSTRIALMENTE Biodegradável

3. Polímeros convencionais

São os mesmos polímeros do primeiro quadrante, mas de origem fóssil

Aplicações: garrafas de refrigerante, potes de comida, embalagens de delivery, sacolas plásticas e muitas outras coisas.

BIODEGRADÁVEL COMPOSTÁVEL Não Biodegradável

4. Polímeros biodegradáveis de origem fóssil

PBAT e PCL

Aplicações: utilizados no corpo humano para ajudar na regeneração de ossos e também na liberação de fármacos (cápsulas de remédio e drogas).

BIODEGRADÁVEL COMPOSTÁVEL INDUSTRIALMENTE Biodegradável

Base fóssil

O processo de biodegradação não depende, em si, do material usado para produzir a embalagem ou o produto final, e sim da estrutura química do material[65]. Por isso, no caso dos plásticos *plant based*, alguns podem ser biodegradáveis e outros não, apesar de serem feitos à base de plantas, por exemplo. Então, vamos entender melhor!

• **Plástico biodegradável**

Não é aquele plástico que você vai jogar fora e ele vai desaparecer como muitos de nós pensamos. Biodegradação é um processo químico no qual existe a presença de microrganismos (bactérias, fungos etc.) presentes no ambiente que transformam os materiais em substâncias naturais, como água, dióxido de carbono, metano e composto. Esse processo depende fortemente das condições ambientais circundantes, como o local (no solo ou na água etc.) e a temperatura (clima úmido, seco, águas superficiais, compostagem doméstica ou industrial etc.), do material e de sua aplicação[65].

Afirmar, porém, que determinado material, produto, embalagem ou plástico é biodegradável requer algumas informações-padrão. Existem certificações específicas[xxiii] que trabalham com essas informações e comprovam o atributo de biodegradabilidade. De acordo com o *European Bioplastics*, caso um material ou um produto seja anunciado como biodegradável, "devem ser fornecidas informações adicionais sobre o nível de biodegradação, o prazo para que biodegrade e as condições ambientais necessárias para que o processo ocorra de forma efetiva e correta"[65].

Estudos e relatórios[66,67] têm apontado a preocupação sobre o termo «biodegradável» gerar confusão e falsa suposição de que os plásticos biodegradáveis podem ser compostados em casa ou descartados diretamente em ambientes naturais.

No caso de bioplásticos feitos tanto de plantas produzidas na agroindústria, quanto bioplásticos de petróleo, que estampem em seus rótulos "bioplástico", podem incidir na prática de *greenwashing* do pecado 1, o *trade-off*

[xxiii] TÜV Áustria ou DIN CERTCO, DIN Geprüft, ISO 17088, DIN EN 13432 / DIN EN 14995 ou ASTM D6400, D6868, entre outras.

camuflado, pois enaltece um atributo considerando-o sustentável, encobrindo, ou sem levar em conta os impactos negativos gerais do produto como um todo, e no pecado 3, "da vaguidade", com informações genéricas demais como "plástico feito de plantas" ou "plástico biodegradável" fazendo o consumidor acreditar que o produto é pró-ambiente.

Um dos relatórios do Programa das Nações Unidas para o Meio Ambiente (PNUMA)[66] sobre "plásticos biodegradáveis e lixo marinho" levanta a questão de que o plástico biodegradável não é a solução para o problema do lixo plástico no oceano. A pesquisa mostra ainda que os oxi-biodegradáveis podem levar até cinco anos para se degradarem nas condições específicas do mar. E isso nos leva para o próximo ponto.

- **Plásticos oxi-biodegradáveis**

Não podem ser considerados biodegradáveis (pois possuem um aditivo artificial incorporado), nem são compostáveis. No entanto, a venda de tais produtos têm sido feita e baseada no discurso de "alternativa" ao plástico convencional. Canudos, embalagens de alimentos, cosméticos e sacolinhas plásticas são alguns exemplos de produtos feitos com os oxi-biodegradáveis.

A organização European Bioplastics é taxativa: "Os produtos comercializados como oxi-biodegradáveis não cumprem os requisitos da EN 13432[xxiv]

[xxiv] EN 13432[68] são as normas e especificações europeias para embalagens compostáveis, apontando que tais materiais precisam se decompor em processo industrial em até 12 semanas, resultando em menos de 10% do material original, sem prejudicar o solo com metais pesados ou prejudicando a estrutura dos mesmos.

Mais sobre bioplásticos

sobre compostabilidade industrial e, portanto, não são permitidos ostentar o rótulo *seeding label*[xxv]"[68].

Os oxis são polímeros convencionais que podem ser feitos tanto de petróleo quanto à base de plantas. À fabricação insere-se um aditivo específico que oxidará (por isso **oxi**-biodegradável) o material, acelerando o processo de degradação do produto. Isso faz com que o plástico se quebre e se degrade mais rapidamente do que o plástico sem o aditivo. E, como ele "some" mais rápido, aqui está o pulo do gato! Veja, o material que se degrada é feito dos mesmos polímeros, seja de cana-de-açúcar ou de petróleo. Ao final do processo, vai resultar em microplásticos e nanoplásticos de forma muito mais rápida.

O relatório da Ellen MacArthur Foundation[69], organização especializada em economia circular, aponta que:

> os plásticos oxi-biodegradáveis estão sendo produzidos e vendidos em muitos países, **levando a sociedade a acreditar que eles se biodegradam completamente no meio ambiente** em prazos relativamente curtos. No entanto, evidências convincentes sugerem que os plásticos oxi-biodegradáveis demoram mais do que o alegado para se degradar e que **se fragmentam em pequenos pedaços que contribuem para a poluição por microplásticos**. Mais de **150 organizações em todo o mundo endossam esta declaração** que propõe a proibição de embalagens plásticas oxi-biodegradáveis em todo o mundo.[69]

A organização ainda recomenda que "uma abordagem de precaução deve ser adotada e os plásticos oxi-biodegradáveis **devem ser banidos** até que pesquisas mais detalhadas sejam realizadas sobre seu comportamento em ambientes do mundo real"[69].

---

xxv O Seedling é um rótulo confiável para compostabilidade. O logotipo e o número do certificado impressos no produto auxiliam na decisão de compra e descarte de um produto (embalagem). O processo de certificação é oferecido pela certificadora belga TÜV Austria Belgium e pela certificadora alemã DIN CERTCO.

Neste exemplo dos *oxis*, é possível enquadrá-los em alguns pecados do *greenwashing*. No pecado 3, da "vaguidade", com informações como "canudo biodegradável" sem definir materiais, prazos etc.; no pecado 5, "o mal menor", quando o processo de produção e descarte podem gerar metais pesados ou confundir os consumidores como sendo "canudos melhores" do que os convencionais achando que esses são mais "verdes"; e, invariavelmente, no pecado 6 "da mentira", pois como apontam os estudos, o resultado da degradação é poluição micro e nanoplástica, entre outros danos ambientais, não podendo, inclusive, serem comercializados como biodegradáveis.

A pesquisadora Ívi Martins de Carvalho, pós-doutora em polímeros, explica:

> O caso dos oxi-biodegradáveis é que eles **viram microplásticos muito mais rápido** que o plástico convencional, mas depois disso demoram tanto quanto o plástico normal ou talvez até mais. Algumas fórmulas de oxi-biodegradáveis **deixavam metais pesados como resultado da degradação final**, o que só piorava o problema.

Um caso importante relatado pela bióloga Isabela da Cruz Bonatto (mestre e doutora em Engenharia Ambiental e consultora da *Circular Economy and Solid Waste Management Expert* da ONU) é a desastrosa introdução do material oxi-biodegradável em um produto específico do mercado, a sacolinha plástica verde, utilizada nos supermercados. A sacola plástica 'normal' teve sua reciclagem impactada quando houve a introdução da sacola oxi-biodegradável. A bióloga afirma que:

> O aditivo da **sacolinha oxi** baixou a qualidade da reciclagem fazendo o mercado abandonar a reciclagem dos dois materiais, pois é inviável diferenciar e separar as duas sacolas no processo de triagem, resultando na mistura dos dois. Agora nem a sacola antiga nem a oxi são recicladas e vem se tornando rejeitos, materiais que vão para os aterros sanitários e lixões.

A própria Associação Brasileira da Indústria do Plástico (Abiplast) se posicionou publicamente em 2015, por meio de seu site contra os produtos aditivados, ou oxi-biodegradáveis, justamente por prejudicar a reciclagem. "Além de não serem biodegradáveis de fato, eles ainda prejudicam e inviabilizam o processo de reciclagem do material plástico."[70]

Desde então, a Abiplast trabalha contra a rotulagem ambiental dada pela ABNT[xxvi] a esses aditivos no Brasil e, em novembro de 2017, assinou pela primeira vez o relatório divulgado globalmente pelo programa *New Plastics Economy*, da Ellen MacArthur Foundation, pelo banimento desses aditivos.[71]

Evidências não faltam para o fato de os materiais oxi-biodegradáveis não serem considerados "amigos do meio ambiente" ou alternativa para o plástico, como alguns rótulos alegam. Eles não são solução para o plástico ou para a poluição plástica marinha. Apostar que essa é uma alternativa viável é atrasar um processo de mudança real em se tratando da produção e do consumo do plástico.

- **Plástico compostáveis**

São aqueles que se degradam ou se decompõem no processo de compostagem industrial ou doméstica e não em um ambiente natural. Na compostagem industrial, a condição combinada e controlada (de acordo com o material que se quer compostar) de altas temperaturas (que podem chegar a 60°C, às vezes até mais[xxvii]), da alta umidade relativa e da presença de oxigênio são "mais ideais" do que as encontradas nos ambientes naturais, como solos, águas marinhas etc. Isso porque os ambientes naturais variam muito em suas condições de temperatura, umidade e outros, dificultando a degradação.

Já a compostagem doméstica é caracterizada por temperaturas mais baixas e menos constantes, o que gera um tempo de degradação muito mais

---

xxvi ABNT é sigla para Associação Brasileira de Normas Técnicas.

xxvii No método de compostagem UFSC (compostagem termolífera), as temperaturas nas leiras de compostagem podem atingir de 50ºC e até ultrapassar 70ºC.

lento em relação às condições nas instalações de compostagem industrial. Não existe ainda uma norma internacional que especifique as condições desse processo. Mas já existem certificações como a australiana AS 5810[72] e a belga TÜV[73] com a *compost home* – ambas exigem pelo menos 90% de degradação do material, e que ocorra entre 180 dias (AS5810) a 12 meses (TÜV)[xxviii], de acordo com as condições desse ambiente.

Para uma embalagem ser considerada compostável, seu material não pode interferir de forma negativa nem no processo de compostagem nem na qualidade do composto, o produto final da compostagem[67]. Por exemplo, no caso dos corantes químicos do extrusado de milho (um produto que parece um salgadinho 'cheetos', mas verde, que vem em caixas de produtos), usado por diversos *e-commerces* em suas entregas e definidos largamente como "biodegradáveis". Há ainda os metais pesados dos aditivos dos oxi-biodegradáveis, ou mesmo seus resíduos de plásticos, que não podem ser vistos a olho nu, mas que contaminam o solo e a compostagem como um todo.

Desta maneira, não seria possível utilizar atributos genéricos para embalagens diversas como "compostável", "feita de plantas", "biodegradável", induzindo o consumidor ou varejista a acreditarem que aquela escolha tem benefícios ambientais (pecado 3, "da vaguidade") quando, no fundo, para uma embalagem ser considerada compostável ela precisa, invariavelmente, passar por um processo de certificação que confirme não apenas que o material pode ser compostável, mas que especifique o tempo de degradação (de 30 a 180 dias, por exemplo), bem como a porcentagem do material que será degradado (100%, 90%, 40% e assim por diante). Quando não disponibilizadas tais informações podem incorrer no pecado 2 do *greenwashing*, "da não prova".

Também é preciso deixar evidente se a compostagem funciona em sistema exclusivamente industrial ou se é possível fazer em casa, na composteira doméstica, sendo que se o processo puder ser feito apenas no sistema

---

xxviii Entre 180 dias, para a AS5810, e 12 meses para a TÜV. Outras normas podem exigir outras condições.

industrial, é necessário explicar que não são todos os locais que possuem acesso a esse sistema, e até mesmo indicar para onde deve ser encaminhada a embalagem.

- **Plástico de base biológica ou *plant based***
Não é um plástico que você usa e depois, quando jogar fora, pelo fato de ser feito com plantas, vai desaparecer como num processo maravilhoso de assimilação da natureza. Significa que a matéria-prima é derivada de biomassa e, em alguns casos, apenas parcialmente derivada dessa biomassa, ou seja, de plantas e vegetais. A biomassa é considerada fonte renovável, comumente chamada de matéria-prima "natural", pois advém de culturas como milho, cana-de-açúcar (o famoso plástico verde), batata, mandioca e muitas outras. Ívi Martins de Carvalho afirma:

> O plástico verde '*I'm green*' é uma marca registrada da petroquímica brasileira Braskem, feito de polietileno (PE) a partir da cana-de-açúcar. Eles fizeram adaptações no processo de produção desse material para que, em vez de abastecer o sistema com petróleo, fosse utilizado o álcool da cana-de-açúcar (etanol/ etileno), que, depois de desidratado, é utilizado para sua produção. O material resultante é o mesmo PE, possui as mesmas propriedades. É reciclável, **mas não biodegradável**.

Ou seja, quando esse material vai parar em aterros sanitários, lixões, oceanos ou em qualquer ambiente da natureza, ele não vai desaparecer só porque é um "plástico verde" ou "feito de plantas", como muitas pessoas são induzidas a pensar. Vai levar o mesmo tempo que o plástico convencional feito de petróleo para se degradar no ambiente, e no final do processo vai gerar os mesmos micro e nanoplásticos, pois também é um polímero convencional, só que feito de cana ou qualquer outro vegetal.

Um grave problema ignorado pelo discurso em torno dos bioplásticos, feitos de plantas, é que na origem da produção estão atrelados ao agronegócio, às *commodities* e aos agrocombustíveis, responsáveis por diversos conflitos territoriais, impactos sociais negativos e nocivos para a população em geral e, principalmente, aos povos indígenas e camponeses. A conta ambiental negativa desse modelo produtivo é altíssima e extensa[74] e não pode ser ignorada. Há desmatamento de florestas e biomas nativos para plantar monoculturas, é intensivo em emissões de gases de efeito estufa, contaminação do solo, das águas e de animais pelo uso de agrotóxicos e pesticidas[75], sem falar na transgenia de espécies.

Utilizar os atributos como "plástico verde" e "plástico à base de plantas", induzindo que estes produtos são sustentáveis, desvia a atenção não somente dos diversos impactos relacionados à produção da matéria-prima, mas também do uso e do descarte dos materiais, incorrendo nos pecados 1, "custo ambiental oculto", 3, "da vaguidade", e 5, "do mal menor". E a depender de como a informação estiver no rótulo, no pecado 7, que trata do "culto a falsos rótulos".

Uma das questões mais difíceis quanto ao assunto plásticos e todas as variáveis bio-*based*, plástico compostável, plástico biodegradável, oxi-biodegradáveis, é o fato de esses materiais terem aparências similares. Soma-se a isso os custos mais altos para aquisição das embalagens comprovadamente melhores para o ambiente, o custo das certificações, a diversidade de materiais, a falta de leis e de informações por parte dos consumidores – e temos assim um terreno fértil para as práticas de *greenwashing*.

Aos pequenos e médios negócios, o ideal é buscar embalagens as mais locais possíveis, conversar com fornecedores e explicar sobre suas necessidades. É trabalho de formiguinha mesmo! Quando encontrar opções que dizem ser biodegradáveis, compostáveis etc., solicite o laudo ao fornecedor para que você tenha acesso às informações corretas e importantes, como o tipo de plástico, prazos de degradação, sistema necessário etc. Você também poderá disponibilizar essas informações aos seus clientes. Uma outra

Árvore Produto-lógica

dica valiosa é saber sobre processo de reciclagem local, ou seja, saber a taxa de reciclabilidade da sua região para qualquer tipo de material que deseja utilizar. Há cidades que já possuem sistema de compostagem urbana, o que garante que se você puder optar por embalagens compostáveis, terá um lugar adequado para o encaminhamento das mesmas e disponibilização dessa informação aos clientes.

Ficar dependente da indústria quanto às informações de cada um dos materiais, sem que se entre no jogo do *"marketing* verde", torna os consumidores vulneráveis às massivas práticas de *greenwashing* que estamos enfrentando hoje no setor de embalagens.

4.4. De olho nas promessas "verdes"

As múltiplas formas nas quais o fenômeno do *greenwashing* ocorre dificulta a percepção por parte das pessoas em identificá-las. Além dessa dimensão imediata, outra preocupação a médio e longo prazo é que as empresas e organizações que, de fato, levam a sério questões socioambientais – criando modelos de negócios ecoinovativos reais, tanto de produtos quanto de serviços – acabam sendo engolidas e/ou desacreditadas devido a práticas de empresas fundamentadas em falsas reivindicações e atributos socioambientais, levando a um esvaziamento dos conceitos de **sustentabilidade forte**[16].

Esse esvaziamento é crítico na medida em que mina ações legítimas socioambientais do presente e que poderiam ocorrer no futuro, levando o consumidor a desconfiar e a deixar de apoiar iniciativas genuínas, causando também menor pressão[76] e desmobilização – o que fatalmente favorece as marcas e organizações que jogam contra o processo de mudanças.

Identificar a ocorrência de algum tipo de *greenwashing* é bastante importante para que os cidadãos, e os próprios empreendedores de negócios eco-lógicos, possam se balizar dentro desse mar de falsas promessas "verdes" e fazer escolhas melhores dentro de suas estruturas e possibilidades.

Sei que às vezes bate uma vontade de fugir do planeta. Nos sentimos em meio a um fogo cruzado do mercado, sempre com um pé atrás diante de novas soluções que emergem todos os dias. Contudo, a intenção deste capítulo é promover o debate crítico e impulsionar o movimento de questionamentos que podemos fazer enquanto sociedade civil a todos os atores envolvidos e interessados em lucrar em cima da nossa disposição e, principalmente, a possibilidade em apoiar práticas socioambientais realmente eficazes.

É importante ressaltar que nada escrito aqui é estático ou invariável, mas reflete o estado atual das práticas apresentadas que considero graves do ponto de vista da promessa que elas **declaram** e dos **resultados** efetivos que realizam. Algumas são passíveis de ajustes e melhorias, outras, por falta de compatibilidade físico-química, como no caso dos créditos de carbono de diferentes estoques, deveriam ser adequadas aos setores intensivos em carbono, e não disseminadas como milagre de forma ampla e banalizada na sociedade.

O combate ao *greenwashing* é fundamental para termos avanços reais diante dos esforços que precisamos fazer para mitigar as mudanças climáticas – estamos falando de produção, consumo e descarte, além de transparência e responsabilidade com relação a essas dimensões. Que essa luta e esforço contribuam para a redução das emissões e que guiem a sociedade em uma direção ecológica e socialmente justa.

Depois desse denso capítulo sobre as armadilhas do caminho, vamos modelar negócios eco-lógicos? Vou te apresentar cada uma das etapas de modelagem da Árvore Produto-lógica e inúmeros exemplos, para você colocar a mão na massa. Você também pode acessar no *QR code* um modelo de árvore para a sua modelagem.

5. ÁRVORE PRODUTO-LÓGICA: UMA FERRAMENTA PARA PROJETAR NEGÓCIOS ECO-LÓGICOS

Se você pretende ter um negócio que caminhe em direções mais socioecológicas, proponho aqui uma ferramenta para ajudá-lo. A ideia é configurar a empresa posicionando a natureza (reduzir impacto ambiental negativo) e as sociedades (ampliar impacto social positivo) no centro da projeção, dimensões historicamente ignoradas, como vimos anteriormente.

Essa ferramenta para projetar negócios eco-lógicos chama-se Árvore Produto-lógica[xxix] e vou contar como ela surgiu.

Quando eu estava reformando o imóvel que abrigaria a minha loja, enquanto acompanhava os pedreiros, comecei a listar em formato de mapa mental o conjunto de produtos necessários para o negócio. Levando em conta o principal movimento que orientaria a loja, o Zero Waste, a ideia era que o conjunto de produtos "cobrisse" a vida cotidiana de uma pessoa empenhada em reduzir seu consumo e o impacto ambiental negativo no dia a dia. Naquela época, 2018, a oferta de produtos com essa proposta não estava organizada em nenhum outro negócio no país, por isso esse trabalho levou muito tempo. Entre iniciar a estruturação da ideia, o desenho do plano de

---

xxix Produto-lógica, no sentido de ser um conjunto da produção integral de seu negócio, produtos e serviços e resultados de sua atividade.

negócios no *Business Model Canvas* e inaugurar o negócio foram, pelo menos, quatro anos.

O movimento Zero Waste no Brasil era difuso e iniciante, portanto, abrir a primeira loja demandou muita articulação e pesquisa para entender o que seria possível desenvolver no país, desde os aspectos de legislação e a formação de uma cadeia de fornecedores, até definir o que, de fato, precisaria ser importado (sim, não faz sentido importar algo se o negócio é pautado no movimento Zero Waste). Então, comecei anotando as categorias convencionais de produtos aos quais eu gostaria de oferecer uma alternativa, como "higiene diária", "limpeza", "casa *zero waste*", "período menstrual *zero waste*" e "kit *on the go*", entre outras. Risquei linhas a partir de cada um destes termos para elencar os itens mais específicos: escova e pasta de dentes, xampu em barra e sabonetes, para exemplificar itens da categoria primária.

Ao terminar de listar os produtos de todas as categorias, o mapa parecia uma frondosa copa de árvore. Esta imagem foi o início do desenvolvimento da ferramenta visual que apresento neste capítulo. No decorrer das pesquisas e de minhas experiências como empreendedora e mentora de negócios eco-lógicos, a copa ganhou tronco, raiz e deu origem a um sistema com outras partes metafóricas, como água, ar, elementos minerais e matéria orgânica.

Inspirada nos princípios da biomimética[xxx] e nas soluções advindas da Natureza[77], desenvolvi a Árvore Produto-lógica, uma ferramenta para projetar negócios para serviços e produtos.

Há muitas metodologias que suportam a elaboração de modelos de negócios, algumas descritivas e outras mais visuais. A intenção deste livro não é criticá-las. No entanto, enxergo os negócios eco-lógicos como células vivas integradas, que merecem uma visão essencial de seu papel e processo, e para isso é preciso espaço para desenhar sua circularidade e fluxos. Ao colocar a Natureza no centro, sendo ela a premissa e a "autoridade amorosa"[xxxi] para tomar decisões, chegamos a uma perspectiva holística do negócio.

[xxx] Biomimética é o campo da ciência que estuda, observa e imita a Natureza para resolver problemas do design econômico e social.

[xxxi] Conceito antroposófico.

Na Árvore Produto-lógica, o ciclo de vida vegetal é a inspiração para a construção do negócio. Começa na semente e vai até o amadurecimento da planta, e esse funcionamento rege a lógica interna e a relação dele com o mundo. Além disso, quando estamos trabalhando sob o arquétipo da árvore, traçamos um paralelo entre as etapas de desenvolvimento dela e as etapas do negócio.

Essa modelagem vem sendo testada desde 2020 nas formações em negócios eco-lógicos que ministro. Os resultados têm sido incríveis, tanto no momento dos alunos enxergarem processos e necessidades para o desenvolvimento de seus negócios, quanto no de conseguirem projetar etapas iniciais e futuras da empresa (sistema de podas que vou falar mais para a frente).

Durante as aulas, noto que cada aluno desenvolve seu modelo de negócios desenhando uma árvore particular. Sugiro que você faça o mesmo: escolha uma árvore real, e com a qual você tenha uma relação afetiva, para modelar. Pesquise sobre sua estrutura, fisiologia, desenvolvimento e estratégias de sobrevivência. Acredito que você possa ter melhores resultados ao visualizar uma árvore importante para você. Com frequência, noto o quanto as árvores escolhidas pelas alunas e alunos durante as formações apresentam características do próprio negócio ou da ideia de negócio almejada.

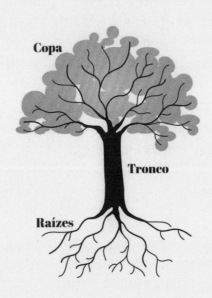

A seguir vamos trabalhar a modelagem da Árvore e cada uma das suas sete etapas.

5.1. Conceitos-chave da ferramenta Árvore Produto-lógica

A árvore é um ser vivo e dinâmico. Seu crescimento é registrado em anéis concêntricos, resultado de sua expansão radial que ocorre de dentro para fora. Ela tem o potencial de criar um habitat e, periodicamente, produz frutos, folhas e flores. Armazena carbono, fixa oxigênio, filtra água. A partir da energia do sol, produz seu alimento, refresca seu entorno, ela tem capacidade de se autorreplicar.

Onde há árvores e florestas, existe água limpa! Onde há mata ciliar, existe um rio mais limpo. As árvores formam e nutrem os solos, fornecem abrigo a diversas espécies. Árvores são mestras em regeneração – por isso me inspiraram a olhar os negócios de forma diferente e a criar esta ferramenta.

Quando usamos a árvore como uma metáfora para projetar negócios eco-lógicos, atribuímos um paralelo a cada parte do desenvolvimento da árvore. Dessa forma, a semente é a ideia principal e objetiva do negócio. O ambiente em que essa semente germinará é o solo, o lugar em que estão diferentes recursos que você precisará entender, pesquisar e manejar antes de plantar a sua semente – ou seja, de colocar o negócio no mundo.

Após preparar o solo, a árvore se desenvolve a partir da raiz, onde estarão seus valores e princípios. Cresce seu tronco, o lugar dedicado à parte estrutural do negócio, e se ramifica para formar a copa, onde estarão os produtos e serviços do negócio. Veremos adiante a definição para cada um desses termos na aplicação desta metodologia.

Modelo Árvore Produto-lógica

É importante frisar que esse modelo está em evolução, assim como o meu trabalho em potencializar negócios que se pretendem eco-lógicos. A cada desafio e *case* que estudo ou avalio, a cada nova turma da "Formação em Negócios Eco-lógicos" que concluo, desenho novas analogias e estruturas, e assim a modelagem vai sendo aprimorada.

Etapa 1 da modelagem – para cada árvore, uma semente

E para cada negócio uma ideia. Na Natureza, toda semente é a potência de vida. Dentro de si, ela carrega informações genéticas e substâncias nutritivas iniciais para a própria germinação e desenvolvimento para se transformar em uma árvore no futuro. Na modelagem de negócios, a semente é a ideia principal do negócio que você deseja criar, objetiva e sintética. Nesta etapa você pode fazer a seguinte pergunta: O que será o meu negócio? Uma loja a granel? Uma pousada ecológica? Um restaurante? Uma horta urbana com restaurante? Tenha a ideia central descrita em poucas palavras. Para conseguir visualizar as características do seu negócio, sintetize isso em uma única e curta frase.

Minha semente era bem simples: criar a primeira loja *zero waste* do Brasil e colocar nosso país no mapa global do movimento. O pensamento de definir a semente é o momento de trabalhar todo o potencial da ideia e sonhar alto, sem se limitar. Não pense "ah, mas não tenho espaço para isso", "não tenho dinheiro para um negócio desse tamanho" ou "não entendo nada desse assunto para abrir um negócio assim". Nesse momento, existe apenas potência de criação. Ou, na linguagem da Natureza: não é o momento de fazer podas.

Caso você já tenha o seu negócio em andamento, ou mesmo queira fazer transformações no sentido de torná-lo eco-lógico, faça um exercício de identificar mais uma vez sua semente e não tenha medo de fazer as mudanças necessárias. Volte. Reestruture. Repense. Pesquise. Por isso mesmo estamos aqui juntos.

1 Semente | Modelagem loja a granel *zero waste*

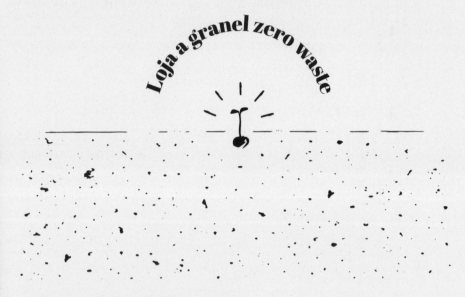

Alguns outros exemplos de semente:
- atelier de costura coletivo;
- loja de cosméticos a granel;
- *marketplace* de produtos veganos;
- sorveteria orgânica.

Para cada semente, um <u>solo</u> fértil

Para germinar e se desenvolver, a semente precisa de um solo fértil, um ambiente com determinadas condições. Como diz a rainha da permacultura e outros movimentos, Ana Primavesi: "solo sadio, planta sadia, ser humano sadio". Nesse caso, podemos fazer a mesma analogia para os negócios. E vamos entender como!

O solo é um ecossistema vivo, composto basicamente por quatro elemen-

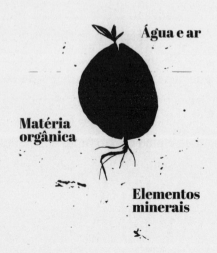

tos: matéria orgânica (advinda de seres vivos); elementos minerais (resultado de processos de intemperismos[xxxii]); água e ar. Diferentes combinações desses elementos geram diferentes tipos de solo.

Ao fazermos um paralelo com os negócios eco-lógicos, também precisamos nutrir, equilibrar e manejar o solo para termos as condições ideais de desenvolvimento do negócio pretendido.

Você precisa conhecer o ambiente no qual pretende "plantar sua ideia" e entender o que já carrega consigo para fundamentar o negócio. E, também, elencar o que precisará buscar externamente, aquilo que falta para que a sua semente se desenvolva plenamente. Além disso, é necessário fazer uma leitura conjuntural do ecossistema de negócios onde você atuará, o nicho de mercado na linguagem convencional, e perceber nuances na macroestrutura (elementos da paisagem), que podem favorecer ou desfavorecer seu negócio.

Abaixo apresento cada um dos elementos componentes do solo com exemplos e instruções de modelagem. Mãos à obra!

Etapa 2 da modelagem – Matéria orgânica: tudo aquilo que você já possui e é importante para seu negócio

Na Natureza, a matéria orgânica alimenta a fauna do solo, mantém a umidade, atrai e retém nutrientes. É a fração com resíduos vegetais e animais, compostos microbianos e húmus. No solo, desenvolvem-se as micorrizas (associações simbióticas entre fungos e raízes), que facilitam a absorção de água e fazem a manutenção de nutrientes. A matéria orgânica é responsável por reter as partículas, como argila e areia, formando grumos que melhoram sua estrutura e porosidade. É importante saber que a matéria orgânica é um recurso finito em qualquer tipo de solo, e por isso requer manejo constante.

[xxxii] Intemperismo é o processo ou um conjunto de processos de desintegração e/ou degradação e decomposição de rochas, causados por múltiplos agentes geológicos na superfície do planeta. Eles podem ser: químico, mecânico e biológico.

Traçando um paralelo para projetarmos os negócios, matéria orgânica envolve tudo aquilo que você já possui para iniciar o seu negócio, e pode ser tanto capital material quanto imaterial. Por exemplo, às vezes você tem conhecimentos de uma área específica de seu negócio (conhecimento é considerado um capital imaterial, nesse caso intelectual ou experiencial). Também pode acontecer de você dispor de uma parte ou mesmo do valor total do montante financeiro necessário para abrir o negócio (capital material, neste caso, monetário). Uma rede social ativa e potente também pode ser matéria orgânica (capital imaterial social), ou ainda o apoio da sua família, que poderá ceder um imóvel para o negócio (capital material), entre outros.

Tenho um exemplo pessoal de matéria orgânica que foi fundamental para a construção da minha loja e que vale a pena mencionar. Meu marido, que é arquiteto, fez todo o projeto de desenvolvimento do espaço e acompanhou toda a reforma, escolha de materiais etc. Além de ele ter conhecimentos de projetos e de eu ter podido escolher tudo como imaginava, ele já tinha muitos restos de materiais de obras que acumulava na garagem. Um projeto de arquitetura de um espaço físico pode custar bem caro – quem já passou por qualquer reforma sabe disso. Os materiais residuais, os novos que compramos com desconto pelo fato de ele ser arquiteto e toda a rede de profissionais da área que já conhecíamos ajudaram demais nessa etapa. O resultado final foi exatamente como eu queria, cada detalhe e cada prego tinha nossos estudos e conhecimentos.

2 Matéria orgânica | Modelagem loja a granel *zero waste*

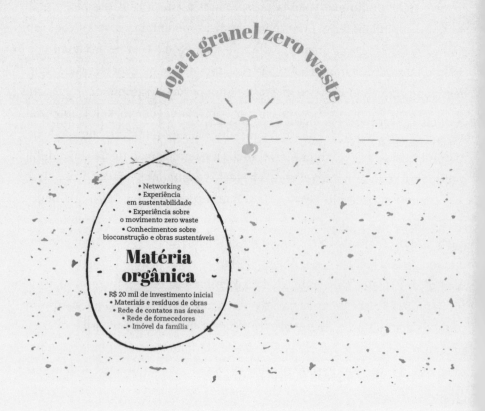

Alguns outros exemplos de capital material e imaterial para inspirar a sua investigação sobre matéria orgânica em sua proposta de negócio:
- conhecimentos sobre gestão: capital imaterial, em geral experiências anteriores contam muito para empreender, às vezes as subestimamos. Antes de fazer o financiamento coletivo da Mapeei, eu já tinha feito outros 4, uma experiência muito válida para incorporar como estratégia no meu negócio;
- terreno apto para compostagem: esse é um exemplo de capital material de uma sociedade que criou uma empresa de compostagem de resíduos orgânicos em Natal (RN);
- network/contatos com o nicho de mercado do seu negócio: capital imaterial riquíssimo.

Etapa 3 da modelagem – Elementos minerais: o que você não tem e precisa buscar ou desenvolver

Na Natureza, elementos minerais são chave da fertilidade de qualquer solo e responsáveis pelo desenvolvimento metabólico do vegetal. Quando bem equilibrados, junto à presença da matéria orgânica, são benéficos ao desenvolvimento dos vegetais. Uma planta só pode completar seu ciclo vital se o solo lhe fornecer em quantidade suficiente todos os elementos minerais que lhe são essenciais.

Em nosso exercício de modelagem, elementos minerais são o conjunto de elementos externos, que você não possui, mas identifica como necessários ao negócio. O que você precisará buscar? O que você identifica que precisa para desenvolver seu negócio e que ainda não tem? Esses elementos também são divididos entre capital material ou imaterial.

Durante a construção do meu negócio, eu tinha conhecimento da área cultural e de produção de eventos (matéria orgânica). Então, tinha bastante habilidade para lidar com o dia a dia da loja, mas não com as burocracias para abrir uma empresa e para entender de licenças para espaços físicos que são definidas também de acordo com a escolha da Classificação Nacional de Atividades Econômicas (CNAE), por exemplo. Foi uma longa e dolorosa tarefa, que sem o auxílio do contador que me orientou e de alguns amigos com conhecimentos administrativos, eu não teria conseguido. Por mais que tenhamos experiências diversas, qualquer negócio necessita de "elementos minerais" que precisam ser incorporados à matéria orgânica antes e durante o desenvolvimento do negócio.

3 Elementos minerais | Modelagem loja a granel *zero waste*

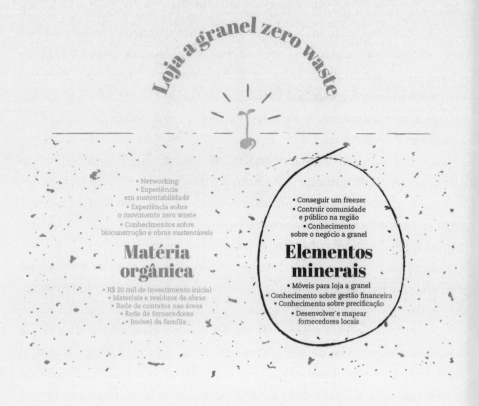

Alguns outros exemplos de elementos minerais (tanto capital material quanto imaterial) para inspirar sua investigação e modelagem:
- capital: muitos negócios, principalmente os pequenos e médios empreendimentos, não possuem capital inicial total ou parcial para materializar o negócio;
- ponto comercial: importantíssimo escolher bem;
- formações e cursos sobre empreendedorismo, gestão financeira etc.;
- equipamentos: muitas vezes são objetos, máquinas e acessórios que você ainda não tem e precisará alugar, comprar usado ou novo;
- conhecimentos em *marketing* digital e vendas *online*: questões essenciais para qualquer negócio hoje em dia.

Etapa 4 da modelagem – Água e ar: elementos macroestruturais

A água é o elemento básico responsável pela vida em nosso planeta. Não "controlamos" a água, as chuvas ou os rios. Sem água não há vida humana, não há árvores, não há floresta. Sem água, tudo é deserto! E, como diz Ernest Götsch, mestre da agricultura sintrópica[xxxiii], "água se planta". Ou seja, onde tem árvore tem água!

Quanto mais um ecossistema se forma (pense em uma floresta), mais água esse sistema armazena e mais biocapacidade ele gera. Na Natureza, a importância do ar é prover oxigênio tanto para as raízes quanto para os outros micro-organismos que nela habitam.

Em nosso modelo de negócios, água e ar são indicadores de que o ecossistema está potente, gerando vida e oxigênio. São metáforas para os elementos macroestruturais, que não podemos "controlar", mas podemos influenciar. Quanto mais árvores no ecossistema, maior o potencial de influenciar de forma macroestrutural. Uma árvore madura na Floresta Amazônica é capaz de bombear para a atmosfera até mil litros de água por dia. Sim, é impressionante! Se pensarmos no conjunto de árvores da Floresta, isso equivale a 20 bilhões de toneladas de água em um único dia[78], uma atuação de impacto no ciclo hidrológico planetário.

Se água e ar são elementos macroestruturais, e estão relacionados com elementos da paisagem (macroestrutura da qual tratei no capítulo 1 sobre transições eco-lógicas), quanto mais negócios colocando em prática os cinco fundamentos, mais potência haverá para influenciar mudanças socioecológicas significativas – tanto nas pessoas quanto no sistema que queremos combater. Assim, como as grandes corporações conduziram até aqui seus negócios degenerativos, podemos, com inteligência, modificar as regras do jogo, nos juntando a muitas outras frentes que não apenas negócios, como já falei no decorrer deste livro. Eu acredito muito nisso.

[xxxiii] A agricultura sintrópica, modelo de agricultura desenvolvido por Ernst Götsch, consiste em práticas agrícolas baseadas nos processos naturais, tanto em forma quanto em função e dinâmica.

O que você reconhece como elementos macroestruturais na região em que pretende abrir o seu negócio? E no nicho no qual você vai atuar ou atua? Existem conjunturas nacionais ou globais que afetarão seu negócio positivamente ou negativamente?

Quando fundei a loja em São Paulo, ainda em fase de financiamento coletivo, a Lei de Proibição dos Canudos Descartáveis[79] foi sancionada na cidade do Rio de Janeiro. Isso fez com que eu fosse entrevistada para uma reportagem no Jornal Nacional,[80] da Rede Globo, e em muitos outros veículos, elevando o potencial de divulgação da loja que, naquele momento, ainda estava em fase de pré-abertura. Outro processo importante foi o sancionamento da Lei dos Descartáveis, em 2020, que proíbe os descartáveis no comércio na cidade de São Paulo[13] e que influencia os movimentos Zero Waste e Plastic Free de forma geral, impulsionando negócios desses movimentos.

Tenho o exemplo de uma aluna que inaugurou uma empresa de cosméticos naturais. Em sua modelagem, ela sinalizou como elemento de água e ar um projeto de lei[xxxiv] que está tramitando na Câmara dos Deputados que visa simplificar regras e exigências para a produção de cosméticos artesanais e, com certeza, é porque esse fator interfere diretamente no modelo de negócio dela. Produzir cosméticos de forma independente no Brasil é uma empreitada cheia de desafios, mas possível e recompensadora.

---

xxxiv PL 7816/2017[90] altera a Lei nº 6.360, de 23 de setembro de 1976, para estabelecer isenção de registro e observância de regras simplificadas para cosméticos, produtos de higiene pessoal, perfumes e outros produtos de finalidade congênere, quando produzidos de maneira artesanal.

4 Água e ar | Modelagem loja a granel *zero waste*

Para a modelagem do seu negócio, faça uma lista com as coisas que você acredita que podem afetar positivamente e negativamente sua atividade. Pense nos detalhes!

Alguns outros exemplos de elementos macroestruturais, água e ar:
- a pandemia de Covid-19, como ela afeta/afetou seu negócio?;
- mudanças climáticas;
- lei para proibir sacolas plásticas em São Paulo.

Até o momento, toda a parte de semente e solo proposta na modelagem diz respeito a uma tarefa de planejamento e estudo da ideia de negócio. Ou mesmo de um reestudo e reorganização de um negócio que já existe, mas que deseja se orientar para o ecossistema de negócios eco-lógicos. Depois de trabalhar bem a semente e o manejo do solo com o aprofundamento de seus elementos, é chegada a hora do plantio!

Etapa 5 da modelagem – Raízes, um sistema de valores baseado em movimentos sociais

Na Natureza, as raízes ajudam a sustentar a planta no solo, conduzem as substâncias, fazem a reserva de nutrientes e são responsáveis pela absorção, pelo armazenamento e pela condução da seiva, substâncias compostas por nutrientes que vêm do solo e da água.

Na Árvore Produto-lógica, o sistema de valores está nas raízes, ou seja, todos os movimentos sociais que o negócio vai amplificar, defender e operar. As raízes definem, por exemplo, quais fornecedores podem ou não fazer parte do seu negócio, garantindo conexão verdadeira e coerência com as bandeiras e a comunidade que a empresa constrói ao longo de seu desenvolvimento.

Vocês lembram que, dentro da questão das transições eco-lógicas, os movimentos de nicho (aqueles que muitas vezes nascem dentro de movimentos sociais) eram os processos responsáveis por mudanças mais a longo prazo? Pois bem, não é à toa que movimentos sociais que desafiam o *status quo* estão na raiz dos negócios eco-lógicos. Justamente porque esses movimentos guiam e orientam para práticas coerentes com seu sistema de valores, e isso gera um ganho e potencial de transformação incríveis.

Como vimos no exemplo do Instituto Chão, o que gera potência no negócio é justamente um conjunto de movimentos que propõe outras formas de estruturar e projetar o negócio, gerando resultados diferentes de uma mercearia que não defende movimento algum e apenas busca o lucro.

Se na raiz de sua Àrvore existe o movimento *vegan*, por exemplo, você jamais comercializará produtos de origem animal, certo? Se isso acontece, existe um grave problema de coerência no negócio.

É bastante comum iniciar a raiz de um negócio com um ou dois movimentos. Depois, com o tempo, isso vai se ampliando e se complexificando, a raiz cresce e se ramifica. Pode ser que você inicie um negócio com o propósito de vender trabalhos autorais e artesanais locais e perceba que faz sentido incluir os 5 Rs do movimento Zero Waste, por exemplo. Isso modificará tanto a curadoria de produtos e serviços – que terão novos critérios de seleção – quanto a estrutura do seu negócio, que passará também a operar a partir dos sistemas de valores do movimento novo, como enviar produtos em embalagens livres de plástico no *e-commerce* da empresa.

Também é comum haver hierarquia nos movimentos que estão na raiz do negócio. Na raiz da Mapeei, como vocês já sabem, o movimento principal era o Zero Waste. Ele definiu todos os processos, desde a reforma do espaço físico até a curadoria e o desenvolvimento da cadeia de fornecedores da loja. Não existia na minha raiz, por exemplo, o movimento *vegan*. Não porque eu seja contra o movimento, muito pelo contrário. Hoje, 90% da minha alimentação é *vegan*, apenas não fazia parte mesmo. Por isso, vendia um item como a esponja marinha, que, sim, é considerada um animal marinho. Naquele momento, com as diversas restrições para encontrar produtos que atendessem os critérios do movimento Zero Waste, incluir o *vegan* seria ainda mais desafiador. Ou seja, a combinação dos movimentos na raiz define bastante a estruturação do negócio e também os rumos do trabalho.

Percebem como os movimentos na raiz guiam as escolhas, desde as menos até as mais complexas? Um outro exemplo de raiz e escolhas... Para o estoque da loja, eu precisava de estruturas que pudessem armazenar os produtos. Eu havia construído algumas com madeira e suportes de ferro, que ficaram insuficientes. Achei na internet cestos empilháveis de plástico usados, de uma loja que havia fechado. Eu não tive dúvidas em comprá-los, pois mesmo sendo de plástico, eram itens de segunda mão, o que atende muito os 5 Rs do movimento Zero Waste. Na hora de modelar sua ideia de negócio na Árvore, comece pelo movimento mais importante para você e vá inserindo os outros, aos poucos, levando em conta uma hierarquia de importância e a capacidade de estruturação da ideia e da empresa.

5 Raízes | Modelagem loja a granel *zero waste*

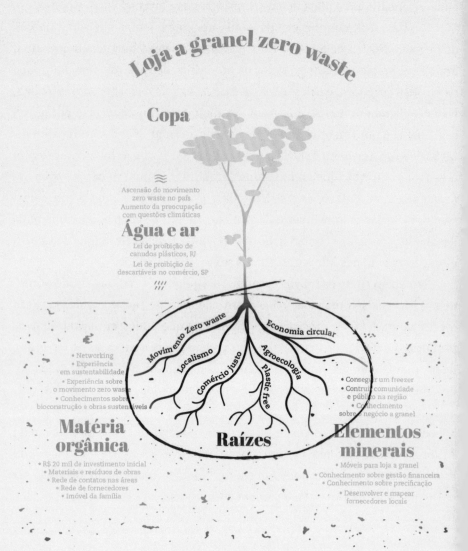

Alguns outros exemplos de movimentos sociais que considero incríveis:
- economia solidária, economia regenerativa, *blue economy*, movimento *open source*;
- os "*slows*" são sempre um sistema de valores importante contra a indústria e a velocidade de descartes. Exemplos: *slow fashion*, *slow food*, *slow beauty*;
- gastronomia social, *locavore* (comida local), agroecologia, permacultura, agricultura urbana;
- livre de plástico, minimalismo, entre muitos outros.

Etapa 6 da modelagem – Tronco, a conexão entre valores e aquilo que você oferece para o mundo

O tronco da árvore é a estrutura responsável pelo transporte da seiva por meio de seus vasos, interligando raiz e copa. É onde são produzidos os hormônios vegetais, que auxiliam no crescimento e no desenvolvimento da árvore. Outra função importante é que o tronco dá sustentação ao vegetal.

Na Árvore Produto-lógica, o tronco é o que faz a ligação entre o sistema de valores ou movimentos sociais (raiz) e aquilo que seu negócio oferece para o mundo, sejam produtos e/ou serviços (copa). No tronco está tudo o que é estrutural e fundamental para a sustentação e para o funcionamento do negócio. A conexão entre copa e raiz precisa ocorrer de forma fluida.

Alguns exemplos do que constitui o tronco: sistemas de venda para lojas físicas, sistema de gestão de negócios, site, espaço físico e pessoas envolvidas – funcionários, profissionais terceirizados, prestadores de serviços, comunidade engajada, cidadãos e clientes. Na Árvore Produto-lógica, os clientes não são vistos como meros consumidores e sim como parte estruturante do negócio.

Neste QR code 10 - PadLet geral do livro, você encontrará uma lista de movimentos para inspirar sua modelagem e poderá comentar outros movimentos que achar relevante na publicação.

6 Tronco | Modelagem loja a granel *zero waste*

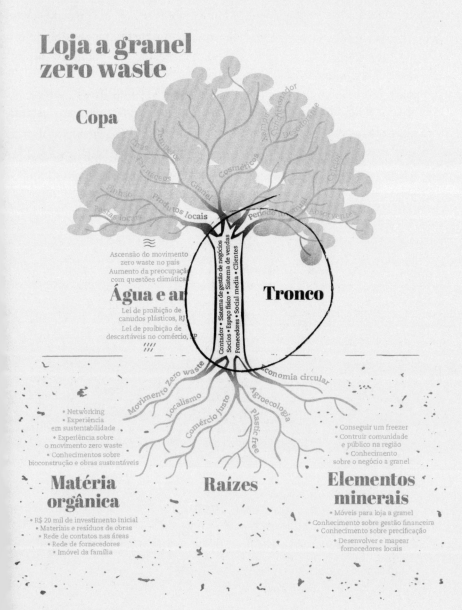

Alguns outros exemplos de estruturas para negócios que podem facilitar sua modelagem:
- se sua ideia de negócio é uma loja colaborativa, o sistema de gestão específico dos fornecedores é de extrema importância para facilitar a entrada e saída de mercadorias, além da gestão de vendas dos produtos consignados;
- na *Urban Farm* (leia mais no capítulo 6) existem diversos tipos de equipamentos da horta urbana que são essenciais ao funcionamento do negócio;
- uma agência de *marketing* focada em negócios eco-lógicos possui redatores especializados em questões socioambientais.

Etapa 7 da modelagem – Copa, o que o seu negócio oferece ao mundo

De forma simplificada, a copa da árvore é responsável por seu alimento. São os galhos dela que sustentam as folhas, onde ocorre a respiração e a transpiração desse ser vivo.

Na ferramenta da Árvore Produto-lógica, a copa da árvore é a interface do negócio com o mundo. Em suas folhas estão todos os produtos ou serviços que o negócio comercializa.

Vamos considerar que seu negócio seja uma loja *zero waste*, como no exemplo de modelagem que estou trazendo nas imagens. Assim como no meu caso, você terá uma série de galhos partindo do tronco com as categorias principais (galhos primários). As ramificações serão as subcategorias ou galhos secundários, e as folhas serão os produtos unitários.

Para uma loja a granel ou *zero waste*, a característica da modelagem é uma copa bem frondosa, justamente porque a quantidade de produtos (ou SKUs[xxxv], na linguagem comercial) é alta, com diversas categorias e muita variedade. Veja um esquema prático:

- **Galhos primários**: são aqueles que saem direto do tronco, representando as categorias gerais. Para uma loja *zero waste*, um exemplo de galho primário seria "casa sem plástico".

- **Galhos secundários**: são aqueles que se ramificam a partir dos galhos primários, representando as subcategorias. Seguindo o galho "casa sem plástico", os galhos secundários podem ser: cozinha, limpeza, banheiros, jardim etc.

- **Folhas**: são as estruturas que se ramificaram a partir dos galhos secundários, representando os produtos de cada uma das subcategorias. No nosso exemplo, saindo do galho secundário "cozinha", as folhas poderiam ser marmitas de inox. Sabão de coco para o galho "limpeza", escova de piaçava para o galho "banheiro".

---

xxxv SKU = também usada no Brasil, é a sigla em inglês para *Stock Keeping Unit*, ou Unidade de Manutenção de Estoque.

No exemplo acima, um galho primário deu origem a três galhos secundários, que deram uma folha cada. No desenho completo de uma loja desse ramo haverá diversas outras folhas, e o desenvolvimento das categorias, das subcategorias e das folhas vai ocorrer conforme o próprio negócio evolui. Primeiramente, é importante saber quais categorias de produtos e serviços serão contemplados pela operação de seu negócio e quais serão desenvolvidas no futuro.

7 Copa | Modelagem loja a granel *zero waste*

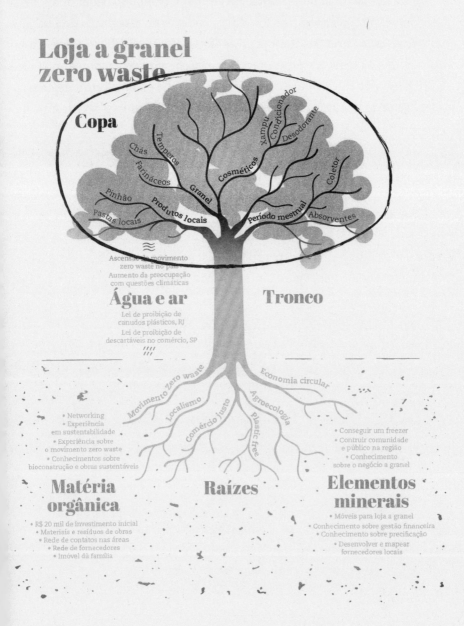

LÍVIA HUMAIRE • 131

Alguns outros exemplos de modelagem da copa para inspirar:
- uma consultoria de resíduos pode modelar sua copa com os serviços que serão oferecidos dividindo os galhos em categorias de clientes, como restaurantes, empresas de limpeza, setor público (estes como galhos primários). Dessa ramificação podem sair os nomes dos produtos elaborados para a venda dos serviços – consultoria de separação de resíduos, consultoria de compostagem, consultoria de embalagens etc.;
- no capítulo 6 e 7, você irá conhecer mais exemplos de copas, tanto de serviços quanto de produtos.

No diagrama 1, a seguir, é possível observar todas as etapas de modelagem completa da Árvore Produto-lógica da loja a granel *zero waste*, que perpassamos durante todo este capítulo. Ou seja, dá para ver uma ideia literalmente saindo do papel para virar um projeto concreto e bem estruturado.

Diagrama 1

Modelagem completa da Loja a granel zero waste

5.2. Podas, o melhor processo de foco, energia e aprendizado

No ambiente da Natureza, as podas funcionam como processos de revitalização dos vegetais. Diversos processos de poda ocorrem o tempo todo, inclusive sendo alimento ou insumo de ninhos e abrigos de diferentes espécies. Quando a planta é "machucada" porque um sabiá se alimentou de seus frutos, ou quando uma árvore é parcialmente consumida pelo fogo da poda radical e natural no Cerrado, esses seres vegetais produzem **hormônios de rebrota**, que faz com que o vegetal crie novas estruturas de folhas, galhos e até raízes, ou seja, o fino processo de regeneração.

É durante a materialização do negócio, no dia a dia, que as podas vão acontecer. Elas devem ser feitas baseadas em dados do mercado, da concorrência, em suas possibilidades de investimento e tempo, de acordo com as necessidades internas e externas do negócio.

As podas são ajustes necessários que visam a manutenção do vigor do negócio. Desistir de um conjunto de categorias de produtos por inviabilidade momentânea não quer dizer que seu negócio não vá funcionar ou que esta categoria não entrará mais tarde, em outro momento do desenvolvimento.

Quando fundei minha loja, queria vender tudo o que fosse possível. Eu fiquei fascinada com a ideia de, em um único lugar, uma pessoa adepta do movimento Zero Waste encontrar tudo o que precisava para o seu dia a dia. Mas eu tinha pouco mais de sete metros quadrados dentro de uma galeria na Rua Augusta, na primeira versão da loja. Aos poucos, fui entendendo que ia precisar priorizar categorias que atenderiam melhor ao espaço e, também, à legislação. Vender alimentos como pastas veganas, azeites e outros, é sempre mais complicado quando o assunto é licença – isso me daria um trabalho absurdo que na época da inauguração eu não conseguiria atender.

Foquei, então, toda a minha atenção para outros tipos de produtos, que poderiam trazer um giro parecido com o dos alimentos, mas que apresentavam menor complexidade: os cosméticos, por exemplo.

Do ponto de vista estratégico, a venda de cosméticos naturais mostrou-se ser uma área mais robusta e com bastante potencial, pois naquela época não existia um espaço que reunisse em um só lugar cosméticos e produtos de limpeza sem embalagens ou a granel, de diversas regiões do país. Perceberam que aqui há uma análise de elementos água e ar, ou conjuntural também, que influenciou na decisão? Eu notei isso no dia a dia do negócio, na experiência prática, e não antes, durante o planejamento. E precisei fazer escolhas!

Na Natureza, não existe uma folha sequer que caia no solo e não seja reabsorvida e sirva de nutriente ou de insumo para outras espécies. Nos negócios, as podas fazem parte do desenvolvimento, de ciclos que evoluem e se renovam, se aproximando da lógica circular.

No capítulo a seguir, vamos partir de outros negócios já existentes e mostrar a Árvore Produto-lógica correspondente a cada um. São mais exemplos dessa ferramenta, que pode ser aplicada em diferentes empreendimentos eco-lógicos. Vamos ver ainda como os fundamentos se distribuem em cada um deles. Inspire-se!

6. ANÁLISE DE CASES NACIONAIS E INTERNACIONAIS QUE CONTEMPLAM OS CINCO FUNDAMENTOS DOS NEGÓCIOS ECO-LÓGICOS

Durante o exercício da modelagem, você irá notar que cada árvore é única. Assim como não existem árvores padronizadas na natureza, não há como copiar a sua Árvore Produto-lógica.

Nos *cases* nacionais e internacionais que apresentamos no livro, as informações sobre matéria orgânica, elementos minerais e água e ar não foram estabelecidos porque não temos informações detalhadas dos fundadores das marcas. Apesar de ter conversado com todos eles, há particularidades de um negócio que nem todos podem partilhar e, além disso, nosso objetivo foi focar no desenho atual do negócio.

Já no caso dos empreendimentos das alunas e alunos que passaram pelas minhas turmas de Formação em Negócios Eco-lógicos, essas estruturas são conhecidas e foram parcialmente introduzidas na modelagem, tornando a árvore mais completa, com as sete estruturas propostas. No entanto, mesmo nesses exemplos, há informações confidenciais que não foram acrescentadas a pedido dos próprios novos empresários.

De toda forma, durante a modelagem de sua ideia, você terá a base de como seguir cada um dos passos e o desenho do diagrama para conduzir melhor cada um deles. Desejo a você um ótimo exercício. Quem sabe em breve ele não vira realidade?

Agora que você conhece a ferramenta da Árvore Produto-lógica e suas estruturas de modelagem, vou mostrar, a seguir, alguns exemplos de negócios eco-lógicos que contemplam os cinco fundamentos propostos no capítulo 3. A intenção é que esses *cases* ajudem a guiar novos negócios ou mesmo empresas já existentes em fase de transformação – desde que tenham sempre em mente a coerência e o respeito às questões socioambientais.

Eu selecionei dois *cases* brasileiros e dois internacionais. Notem que os cinco fundamentos são ativados de formas diferentes e com pesos distintos de acordo com cada projeto. Tudo depende da estrutura da empresa e da coerência no decorrer de seu desenvolvimento, ou seja, um negócio que nasce eco-lógico pode deixar de ser, caso vá abrindo mão de seus movimentos alocados na raiz.

É importante que todos os cinco fundamentos estejam ativos. Uma boa analogia para pensar como eles "trabalham" nessas empresas é o conceito "estruturas invisíveis", da permacultura. Os fundamentos se retroalimentam, tornando-se mais fortes na medida em que a empresa cresce. Quanto mais um negócio eco-lógico se desenvolve, mais ele promove redução de impacto ambiental, aumento do impacto social positivo, mudanças de hábito e aumento de pessoas engajadas em causas socioecológicas, além de contribuírem para mudanças sociotécnicas mais macro dentro de seus propósitos. Vamos ver na prática como isso funciona.

Vale lembrar que nenhum dos *cases* apresentados aqui são perfeitos. Para analisá-los precisamos olhar para onde eles apontam e para onde poderiam nos levar enquanto sociedade se seus valores, princípios e modelos fossem adotados em larga escala. Se a resposta for: "mudaria muito a sociedade e o nosso modo de vida em uma direção regenerativa", podemos dizer que sim, eles são negócios eco-lógicos.

Cases Negócios Eco-lógicos

Precisamos sempre tentar entender o que há por trás de uma empresa. Os movimentos que ela amplifica (raiz), os motivos pelos quais ela nasceu, o que ela deseja transformar, o que combate, como ela faz isso e quais os resultados socioambientais de seu movimento. Isso para que possamos diferenciar as iniciativas que nasceram eco-lógicas daquelas que estão fazendo apenas um movimento "verde" – nosso apoio vale muito para as empresas verdadeiramente prontas para uma transição sistêmica. Quando você apoia esses negócios, você joga junto com algo que vai muito além da própria empresa, que atinge diversas estruturas e ajuda a fomentar melhores condições de transição socioambiental.

A modelagem dos *cases* de análise é uma proposta baseada em pesquisa e conhecimentos prévios. Só conseguimos modelar 100% de um negócio por meio de consultorias detalhadas para conhecer os processos de forma integral. Porém, é possível fazer a análise básica de raiz, tronco e copa de qualquer negócio. Vamos a eles!

6.1. Circularidade e ecologia no trabalho de ponta da Positiv.a

Em minha análise, a Positiv.a é a empresa que está entre os negócios eco-lógicos mais bem resolvidos do Brasil, por isso sua presença é praticamente obrigatória dentro deste livro – vocês vão entender os motivos ao longo do texto. Eu acompanho o processo de desenvolvimento deles como fã e cliente desde o início, em 2015, e estreitei relações com a marca quando abri minha loja em São Paulo.

Antes de abrir a empresa, a sócia-fundadora, Marcella Zambardino, já fazia seus produtos em casa e havia passado por grandes transformações de hábitos cotidianos. Os produtos caseiros que ela fazia começaram a fazer sucesso entre os amigos e a família... Eis que surgiu a ideia de abrir um negócio em parceria com os sócios Alex Seibel e Rafael Seibel, essenciais para o desenvolvimento do projeto.

O que move o nascimento dos negócios eco-lógicos é a vontade de combater um problema no sistema vigente. A Positiv.a nasceu para construir uma alternativa aos impactos negativos ambientais e de saúde decorrentes da produção e do uso dos produtos de limpeza convencionais. Uma empresa de produtos de limpeza ecológicos, eis sua **semente** – uma ideia de negócio sintética, clara e objetiva.

O solo no qual a Positiv.a plantou sua semente era favorável na época por existir uma demanda crescente de pessoas interessadas em produtos de limpeza melhores e menos tóxicos – elas já conheciam os problemas dos convencionais e buscavam alternativas. Havia pouquíssimas opções no mercado, o chamado "mar azul"[xxxvi], pouco saturado. Esses dois pontos são aspectos de água e **ar**, representando o macro, a conjuntura, que nesse caso específico impulsionou a ideia de negócio. É o famoso *timing*! Tenho visto cada vez mais nos meus estudos (e isso também faz totalmente parte da minha história) que *timing* é algo importante em negócios de sucesso, sejam eles eco-lógicos ou não.

Seguindo na análise do *case*, as raízes vão sendo estruturadas ao longo do desenvolvimento do negócio, assim como as das árvores ao longo de seu próprio desenvolvimento. Inicialmente, elas são definidas muito pelo problema que o negócio se propõe a combater.

Uma empresa convencional que queira vender produtos de limpeza vai fazer o movimento comum de qualquer outra: comprar algo no atacado e vender no varejo, de créditos de carbono a pregos, um caminho comum dentro do segmento de bens de consumo. Agora, nascer para resolver um problema requer muito mais do que chegar em qualquer distribuidora e comprar galões de base pronta de sabão líquido para lavar roupas, envasar em potes próprios e vender. Resolver um problema requer mudar a forma como as coisas são feitas. E isso está exatamente na raiz do negócio.

Os movimentos agricultura familiar, permacultura, agroecologia, *cruelty free*, vegano e livre de tóxicos são as raízes iniciais da Positiv.a. Mais tarde, com o desenvolvimento da linha de cuidado e higiene, o movimento da

---

xxxvi Mar azul e mar vermelho são designações do mundo dos negócios para explicar mercados de pouca concorrência (azul) e mercados de muita concorrência, saturados (mar vermelho).

cosmetologia natural e do *slow beauty*, por exemplo, adensaram as raízes/movimentos da empresa, que opera dentro dos princípios da economia circular e da *blue economy* – as novas economias.

Mas como esses movimentos se materializam no negócio? Lembre-se de que todos os que estão na raiz do empreendimento serão refletidos lá na copa, ou seja, naquilo que o negócio oferece ao mundo e em toda a sua estrutura (tronco).

Operar dentro da economia circular significa que todos os produtos, desde a concepção da ideia, são desenhados para terem circuitos fechados[xxxvii] e tendo como meta a não-geração de novos resíduos. Por isso, todas as embalagens ou são de plástico pós-consumo ou são de vidro, que é reutilizável e infinitamente reciclável. Ou materiais 100% recicláveis, como os rótulos das buchas vegetais ou dos panos de prato, feitos com papel já reciclado, por exemplo.

As embalagens plásticas para os produtos líquidos de limpeza são inteiramente feitas de plástico pós-consumo, coletados por cooperativas de catadores no litoral de São Paulo. Além de ser reciclado, esse plástico também é 100% reciclável. Em 2021, de acordo com o relatório de impacto da empresa, 14 toneladas de plásticos desse tipo foram recicladas. Por isso, além de economia circular, é possível enquadrar a atuação da empresa dentro da *blue economy*[xxxviii], apesar de a Positiv.a não ter se manifestado dessa forma ainda.

Para além de todo o trabalho com a coleta do plástico pós-consumo no litoral por meio de cooperativas, existe a confecção de produtos feitos com redes de pesca resgatadas, projeto criado pela artista plástica Nara

---

xxxvii A economia circular se baseia em três princípios básicos: eliminar os resíduos e a poluição, a regeneração dos geossistemas (sistemas terrestres) naturais e a manutenção dos materiais e produtos em uso.[69]

xxxviii A ONU especifica a "economia azul" como uma gama de atividades econômicas relacionadas aos oceanos, mares e áreas costeiras, e se essas atividades são sustentáveis e socialmente justas. Um ponto-chave importante da "economia azul" é a pesca sustentável, a saúde dos oceanos, a vida selvagem e o combate à poluição.[91]

Guichon[xxxix] – em 2021, 0,38 toneladas de redes de pesca foram retiradas dos oceanos por conta desse projeto. Estima-se que 640 mil toneladas de material de pesca sejam abandonadas anualmente no mar[81].

Por meio do uso, os ingredientes contidos nos produtos de limpeza, higiene e cuidado entram diretamente nos corpos d'água dos sistemas das cidades e, invariavelmente, chegam aos oceanos. Trabalhando com produtos seguros para as águas, como no caso da Positiv.a, podemos afirmar ainda mais que a *blue economy* realmente está no DNA da empresa!

Na **copa da árvore** do negócio, os galhos primários representam limpeza e autocuidado, com seus respectivos galhos secundários para cada uma das linhas. Todos os produtos de cada linha levam a cabo os movimentos da raiz: todos são livres de tóxicos, veganos, advindos da agricultura familiar, sem crueldade animal etc. Existe outro galho primário, focado em serviços[xl], que se ramifica em dois galhos secundários: serviços de assinatura dos produtos de limpeza, cuidado e higiene e consultoria em permacultura, agroecologia, energia renovável, manejo de água e paisagismo multifuncional.

No **tronco**, a parte estrutural da empresa é mais difícil de definir estando de fora, mas é possível observar a superfície. Depois de sete anos de jornada, a Positiv.a conta com 86 funcionários, um escritório físico e uma indústria para sua produção própria, adquirida em 2021. Também existem fornecedores diretos da empresa, cooperativas que fornecem matérias-primas e produtos diversos. Um exemplo é uma cooperativa agroecológica de mulheres em Minas Gerais que produz as buchas vegetais livres de plástico.

A Positiv.a acaba de entrar no grupo Pão de Açúcar, um marco a ser comemorado, pois seus produtos estão na mesma prateleira ao lado de gigan-

---

xxxix Nara Guichon é uma artista plástica que resgata redes de pesca e desenvolve produtos a partir desse material. Você pode conhecer melhor o trabalho dela no site: www.naraguichon.org

xl Para uma visão ecológica é essencial que hoje os negócios invistam na economia de serviços.

tes multinacionais do setor, mostrando como o caminho ecológico, que começou a ser trilhado há sete anos, rende frutos de transformação potentes.

Em conversa com a Marcella, ela conta que o maior desafio na trajetória da Positiv.a foi estruturar a parte burocrática, um processo com gasto de energia imenso e que a cada etapa de crescimento tem novos obstáculos. Além disso, "no Brasil, viabilizar as embalagens ecológicas é um baita desafio que enfrentamos até hoje, principalmente em relação ao custo ambiental internalizado pela empresa, sempre pensando em um preço mais acessível possível", conta Marcella.

Esse é um ponto crítico para os negócios eco-lógicos, que internalizam custos ambientais e sociais aumentando os próprios preços e, consequentemente, o valor de venda. Eles concorrem com empresas convencionais no mercado, que externalizam (não levam em conta) esses custos e vendem produtos extremamente baratos, de baixa qualidade ambiental e com custos sociais ao longo de toda a cadeia produtiva. Esse entendimento e desafio são essenciais para qualquer pessoa que se imagine empreendendo de forma socioecológica.

Como a Positiv.a reduz seu impacto ambiental negativo?
- Em 2017, a empresa declarou ter reciclado 0,17 toneladas de plástico, transformado-o em frascos dos produtos próprios. Em 2021, foram 14 toneladas, um salto que acompanha seu crescimento em 208 vezes em quatro anos;
- a marca trabalha com matérias-primas naturais que não prejudicam o ambiente, a saúde humana ou de *pets*;
- utilização de insumos e produtos orgânicos, biodegradáveis, de verdade, e 100% veganos, matérias-primas agroecológicas e permaculturais;
- embalagens de plástico 100% recicladas e 100% recicláveis, gerando a circularidade prevista no *New Plastic Economy* da Ellen MacArthur Foundation[69];
- faz reciclagem de redes de pesca por meio de *upcycling*, tem um *e-commerce* zero plástico e faz entregas próprias com carro elétrico, reduzindo emissões de CO_2.

Como a Positiv.a amplia impacto social positivo?
- A marca teve um salto de R$ 2.592,46 em 2017 para R$ 540.873,00 de renda destinada para pequenos agricultores em 2021, fortalecendo a economia local;
- matérias-primas e produtos adquiridos de cooperativas, produzidas de formas agroecológicas e permaculturais, ampliando as políticas de diversidade e inclusão.

Como a Positiv.a provoca mudanças de hábito?
- Possibilitando a troca dos produtos de limpeza e cuidado convencionais para produtos ecológicos e multifuncionais (e não um para cada ambiente da casa), reduzindo e provocando mudança de percepção do consumo.

Como a Positiva constrói uma comunidade engajada?
- Promove eventos de limpeza de praia no litoral e informa com frequência os pontos ecológicos e ações sociais;
- as informações de descarte, origem e alertas sobre consumo de todos os produtos e matérias-primas estão acessíveis no site da marca e também nos rótulos dos produtos, resultando em transparência e educação ambiental;
- educação ambiental com ativações em escolas.

Como a Positiv.a provoca mudança sociotécnica?
- o setor que a Positiv.a atua é bastante tradicional e estável globalmente. No Brasil, em 2020, o faturamento do setor de saneantes foi de R$ 30 bilhões[82]. Com certeza, pensar em um processo de mudança estrutural de um setor inteiro requer mais tempo. Mas, caso ela ocorra, a Positiv.a faz parte dela hoje, ou seja, do futuro! E isso já tem acontecido no mercado. Grandes *players* estão desenhando produtos "mais ecológicos". O importante é que essas marcas também o façam com interesse genuíno e não apenas com a intenção de ganhar mer-

cados. Não adianta mudar a embalagem, colocar folhinhas verdes e incorrer no *greenwashing*. É preciso mudar a cadeia de suprimentos, retirar os ingredientes tóxicos, melhorar as relações e condições de trabalho etc.

- alguns apontamentos de sucesso e de contribuição da empresa: retiraram o plástico virgem da circulação de seus produtos; redefiniram o desenho de circularidade de embalagens plásticas pós-consumo; o uso de zero produtos tóxicos para pessoas, *pets* e ambiente.

Positiv.a

Semente:
Empresa de produtos de limpeza e autocuidado

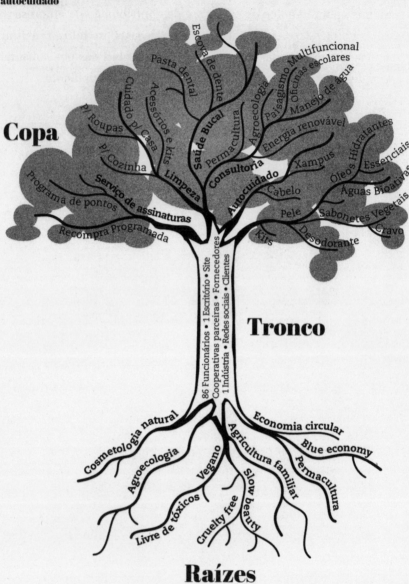

6.2. O que é um pontinho verde no meio do concreto? Uma fazenda urbana revolucionária

Imagine que, em São Paulo, a maior megalópole da América Latina, no tradicional bairro do Ipiranga, há um terreno de 300 metros quadrados que é pura inspiração de como poderiam ser as cidades do futuro.

Desde 2018, a Urban Farm ajuda a espalhar o movimento da agricultura urbana e tem revolucionado o seu entorno. A empresa foi fundada por César Moreira, de 41 anos, e por sua esposa, Daniela Massari, de 39 anos. Ele era economista do setor metalúrgico e, em meio à crise que afetou o setor do petróleo em meados de 2016, resolveu montar uma horta orgânica em um pequeno quintal familiar – **matéria orgânica** fundamental para o início do negócio. Isso após passar um longo período aprendendo sobre agricultura orgânica e hortas (lembrando que aprender sobre algo necessário ao negócio é chamado aqui de **elemento mineral**) com pequenos produtores orgânicos de Socorro, cidade do interior próxima à São Paulo.

A Urban nasceu com R$ 500, o último valor que César tinha na conta. Ele passou dias inteiros trabalhando na casa dos avós na preparação do quintal, da terra e das paredes verticais para receber mudas etc. A primeira colheita foi vendida entre amigos, familiares e vizinhos. Com a arrecadação, César se preparou para a segunda colheita, o momento da inauguração oficial da Urban Farm. Para complementar a produção própria, os alimentos dos pequenos agricultores orgânicos, parceiros da cidade de Socorro, foram fundamentais.

Na **raiz** da Urban Farm Ipiranga estão os movimentos da agricultura urbana, do localismo, da permacultura, da agroecologia e da comida sem veneno. Quando eles atingiram uma colheita mensal de 60 quilos de alimento, precisaram sair da casa dos avós por conta de um empreendimento que começou a ser construído ao lado da casa.

Ao longo do desenvolvimento da Urban, César se conectou com pessoas e projetos importantes que ajudaram a dar sustentação ao negócio. Entre eles, os articuladores dos cinco parques de compostagens da cidade, com os quais consegue adubo advindo da compostagem termolífera das feiras de alimentos da cidade – insumo essencial para as hortas.

No **tronco** do negócio, há estrutura necessária para a ótima comunicação que ocorre entre raiz (movimentos) e a copa (produtos e serviços). O próprio terreno onde fica a horta do segundo espaço ocupado pela Urban, hoje com 300 metros quadrados no mesmo bairro, conta com uma equipe de 10 pessoas trabalhando diretamente e algumas dezenas de voluntários e equipamentos de trabalho, parceiros e fornecedores de alimentos.

A **copa** da Urban já está bastante desenvolvida, com ramificações tanto de produtos quanto de serviços: casa própria de compostagem, biblioteca, dois restaurantes que utilizam o próprio alimento produzido no local, oficinas de plantio, oficinas de culinária, feira e a venda de alimentos colhidos frescos. Isso sem falar no apoio técnico a mais de 100 outras hortas espalhadas por diversos pontos da cidade de São Paulo.

Atualmente, a colheita chega a 200 quilos de alimentos mensais, com mais de 60 variedades de espécies durante o ano. Temperos, frutas, chás, Plantas Alimentícias Não Convencionais (PANCs). Essa copa e a estrutura arbórea da Urban geram um faturamento atual médio de R$ 100 mil reais mensais, mostrando potencial viabilidade econômica e expansão de seus impactos positivos. Hoje, eles cocriam o projeto Ipiranga Orgânico, que tem o objetivo de transformar o bairro em uma catálise de transformação com hortas urbanas e orgânicas. "Uma horta vai muito além da produção de alimentos. É um negócio muito lindo de ver; é uma sala de aula", finaliza César.

Como a Urban reduz impacto ambiental?
- Aumento de produção de alimentos orgânicos de forma local;
- ampliação do acesso a alimentos frescos e de qualidade;
- transformação de espaços ociosos em espaços produtores de alimentos saudáveis;
- redução de CO_2 e gases de efeito estufa com a produção e distribuição de forma local dos alimentos orgânicos;
- compostagem de resíduos orgânicos do local, reduzindo emissões aos aterros sanitários;
- resgate de espécies nativas e plantas não convencionais;

- como o solo não foi coberto por cimento, é possível que a água se infiltre no solo, e com isso a recarga dos lençóis freáticos são possíveis e protegidas, proporcionando o escoamento de água na zona urbana[xli]. O tamanho do projeto não impacta massivamente nisso, mas em termos de avanços de projetos assim, o impacto ambiental positivo seria incrível para as cidades ecológicas;
- aumento da biodiversidade local e refúgio para polinizadores.

Como a Urban amplia impacto social positivo?
- Acesso a alimentos saudáveis e orgânicos a preços justos;
- ampliação do escoamento de alimentos orgânicos do campo sem atravessadores e direto do produtor rural;
- educação ambiental para crianças no local, ampliando contato com a natureza e acesso a alimentos saudáveis;
- fornecimento de alimentos orgânicos para escolas, aumentando o acesso das crianças a uma alimentação saudável;
- apoio a mais de 100 hortas aprimorando modelos de negócios autossustentáveis para esses projetos.

Como a Urban provoca mudanças de hábito?
- Alteram a forma de consumo dos alimentos;
- por meio de educação ambiental e oficinas de plantio ampliam conhecimentos para a produção em domicílios e pequenos espaços;
- modifica a relação das pessoas com a cidade por meio de oficinas de alimentos, culinária e transformação dos espaços.
- Visitas guiadas a cooperativas e fazendas de alimentos, ampliando conhecimento e contato com o movimento da comida de verdade e das formas mais ecológicas de produção de alimento.

---

xli Ponto levantado por uma ex-aluna minha, bastante próxima do projeto, Andreia Rodrigues de Carvalho Pitta Lima, bióloga, mestre em conservação da biodiversidade e sustentabilidade.

Como a Urban constrói uma comunidade engajada?
- O espaço recebe o público e o coloca diretamente em contato com o plantio de alimentos orgânicos e agroecológicos. Assim, difunde outras formas de viver a cidade e o consumo de alimentos;
- dezenas de voluntários compõem o espaço e os projetos externos, construindo uma rede ativa de aprendizagem e disseminação contínua do modelo;
- a comunidade que frequenta a Urban se engaja nas atividades de plantio, agricultura urbana e compostagem.

Como a Urban provoca mudança sociotécnica?
- Compostagem urbana: apoia a mudança a médio e longo prazo na forma como os alimentos orgânicos são descartados, entrando no processo de reciclagem em bairros e até em cidades inteiras;
- alimentos locais: colheita de alimentos frescos, orgânicos e de produção local em centros urbanos pode apoiar uma mudança a médio e longo prazo de como as cidades são projetadas. Um exemplo é o projeto Ipiranga Orgânico, em curso atualmente, que visa transformar o bairro em um polo produtor de alimentos orgânicos locais e acessíveis;
- envolvimento com projetos nas subprefeituras: impulsionando e influenciando políticas públicas em torno do tema agricultura urbana e alimentos orgânicos;
- alimentação orgânica: visa a médio e longo prazo a transformação no modelo de produção de alimentos no campo e na cidade por meio da agroecologia e da agricultura familiar.

Urban Farm Ipiranga

Semente:
Horta urbana orgânica

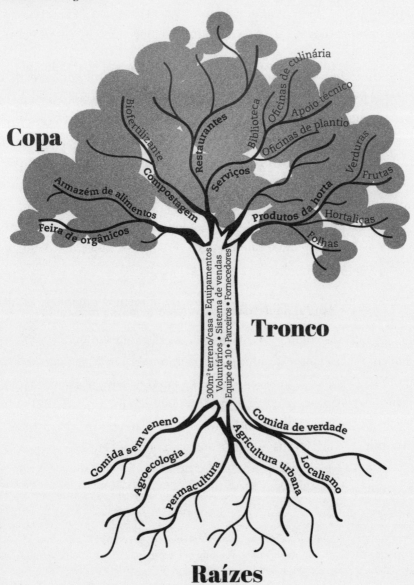

6.3. Conheça dois negócios eco-lógicos inspiradores na Europa

Como brasileiros, temos o costume de achar que "o importado é melhor" ou mesmo "se veio do primeiro mundo é confiável". Mas não é bem assim, né? Como já vimos aqui no livro, o Brasil é repleto de empreendedores que investem em ideias socioambientais inteligentes e eficazes. Por si só, esses negócios merecem nosso apoio.

Há três anos vivendo na Europa ocidental, tenho tido dificuldade em encontrar projetos que contemplem, em especial, o que se refere ao pilar 2, sobre "ampliar impacto social positivo". Uma das hipóteses para essa carência, acredito, é o fato de os países do norte global e centrais no capitalismo possuírem maturidade estrutural política e material, além de problemas sociais relativamente menores. Guardadas as devidas proporções, destaco a seguir dois negócios europeus, um ligado ao mercado da moda e outro do setor de alimentos e serviços de entrega, que considero estarem dentro da abordagem deste livro e que valem a pena serem (re)conhecidos. A intenção é gerar *insights* e inspirar.

6.3.1. Lonas de caminhão descartadas viram insumos na suíça Freitag

Quer um exemplo de *case* ecológico maduro na Europa? É a Freitag. Criada em 1993, a empresa suíça já nasceu "fora da curva", quando assuntos como *upcycling* e economia circular nem eram debatidos como hoje, mas já faziam parte da estrutura do negócio. A ideia de produzir mochilas para ciclistas usando lonas de caminhão descartadas nasceu em um apartamento compartilhado por Markus Freitag e outros estudantes em Zurich.

De lá pra cá, é possível identificar os principais movimentos contidos na **raiz** da empresa, o *upcycling*[xlii], seguido do *slow fashion*[xliii]. Uma escolha em

---

[xlii] "*Upcycling* é a reutilização e reimaginação de objetos ou materiais descartados de forma a criar um produto de maior qualidade ou valor do que o original. O *upcycling* continua a vida útil do objeto, mantém-o fora do aterro e agrega valor".[92]

[xliii] *Slow fashion* é um movimento contrário ao ultra e ao *fast fashion* que defende a moda com produtos de maior qualidade, mais duráveis e que valorizam a cadeia produtiva, o plane-

oferecer produtos duráveis pensando sempre no circuito fechado de todos os insumos e processos, dessa forma operando dentro da economia circular. Na **copa** da empresa estão produtos como mochilas, sacolas, carteiras, alforges para bicicleta, capas para celular e computador, todos feitos a partir de lonas de caminhão, *airbags* reutilizáveis, câmaras de ar de bicicletas e cintos de carro. Todos esses materiais contêm plástico em sua composição, inclusive o tecido 100% PET reciclado usado no revestimento interno desses produtos. Ou seja, está aí uma boa forma de empregá-los, em produtos que não requerem lavagem frequente. "Nossa abordagem de reciclagem é prolongar a vida útil desse material resistente à água e incrivelmente forte, dando-lhe uma nova vida. Depois de cinco a oito anos na estrada, as lonas podem servir de insumo graças à sua durabilidade"[83], afirma Freitag no site da empresa.

Além de produtos do segmento de acessórios, a empresa também aposta no reparo dos produtos, uma ramificação dentro da economia de serviços, na locação de bicicletas de carga e na customização. A marca conta ainda com um espaço de trocas *online* para membros. Enjoou da sua bolsa? Você pode trocar por qualquer uma do catálogo de trocas, gerando ainda mais circularidade para os produtos.

Recentemente, a empresa investiu no desenvolvimento de uma fábrica local de tecidos sustentáveis, feitos a partir do cânhamo e do linho, 100% compostáveis, incluindo as linhas de costura e botões que venham a compor a peça. Diferentemente dos produtos e acessórios das bolsas, que não precisam ser lavadas, roupas de uso frequente precisam, e esse fato deveria ser uma barreira para materiais que levam plástico.

Na estrutura **tronco** da Freitag encontram-se lojas em diversos lugares do mundo, chegam até o Japão. Uma fábrica para o recebimento das lonas coletadas que serão futuras bolsas, mochilas e sacolas, lavadas com água coletada das chuvas, e aberta para visitas. A confecção dos produtos é feita em Portugal, República Checa, Bulgária, Roménia e Suíça, e um escritório corporativo localizado em Zürich. Não existem dados de quantos funcionários diretos e indiretos trabalham para a empresa.

---

ta, as pessoas e o não-uso de insumos animais.

Como a Freitag reduz impacto ambiental?
- *Upcycling* de materiais descartados e problemáticos, como lonas de caminhão e *airbags* reutilizados;
- disponibilização de reparos para os produtos vendidos, aumentando a vida útil dos produtos, reduzindo o consumo;
- sistema de trocas gratuitas de produtos, aumentando sua vida útil e criando mais circularidade;
- utilização de água da chuva para a lavagem dos materiais coletados;
- não usam produtos de origem animal;
- roupas biodegradáveis e compostáveis, produzidas com cânhamo e linho no território europeu em sua fábrica própria.

Como a Freitag amplia impacto social positivo?
- Em 2016, foi inaugurada uma inovadora forma de gestão e governança, a holocracia, um sistema operacional e organizacional baseado no processo de autogestão, no qual a hierarquia é definida pelos especialistas de cada assunto e área, sempre de forma rotativa e por projetos;
- não foram identificadas formas de trabalho com foco em impacto social positivo da marca além do sistema de autogestão. A nova fábrica de tecidos parece ter mão de obra local focada em mulheres, em sistema de autogestão, mas ainda não existem informações detalhadas.

Como a Freitag provoca mudanças de hábito?
- Promove a redução do consumo por meio da reutilização e reparo de produtos;
- possui sistema de trocas gratuitas entre os membros da marca gerando mais circularidade e ampliando ainda mais a vida útil dos produtos, reduzindo o consumo.

Como a Freitag constrói uma comunidade engajada?
- Possui clube de membros da marca;
- expressiva comunicação dos sistemas de valores do *upcycling*, do *slow fashion* e da economia do reparo, como práticas de redução do consumo constantemente trabalhadas e ativadas na comunidade da marca

Como a Freitag provoca mudança sociotécnica?
- Dentro do processo de aplicação do sistema de valores do *slow fashion* e do *upcycling*, a Freitag contribui há anos para uma mudança de perspectiva da moda descartável;
- o setor de reparos da marca é uma importante forma de fazer durarem mais os produtos e de mudar a relação de consumo.

Freitag

Semente:
Bolsas e mochilas de upcycling

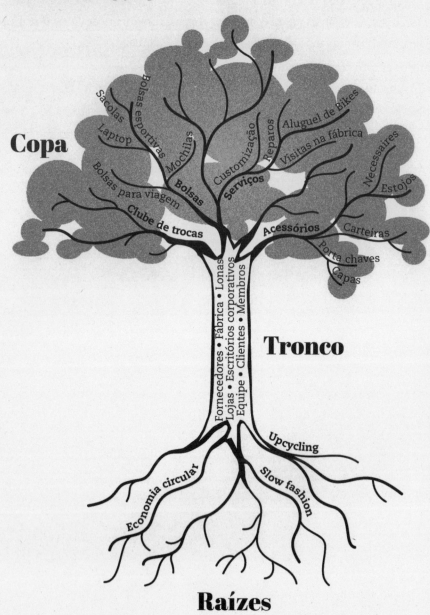

6.3.2. Silo, o primeiro restaurante *zero waste* do mundo

Fundado em 2014 pelo *chef* Douglas McMaster na cidade inglesa de Brighton, em 2019 o restaurante foi transferido para Londres, mas seguiu sua forte identidade focada no movimento Zero Waste. O negócio nasceu com o objetivo de ser o primeiro restaurante desperdício zero do mundo (sua **semente**) e, segundo seu fundador, "é um restaurante pensado de trás para frente, sempre com a lata de lixo em mente"[84].

Durante o período mais crítico da pandemia de Covid-19, na qual a maioria dos empreendedores estavam pensando em como sobreviver entre os *lockdowns*, o Silo inaugurou uma mercearia como forma estratégica de lidar com a situação. Além do restaurante e da mercearia, o negócio também foi ampliado para o setor de eventos privados, sendo este mais um galho na **copa** da empresa.

Sempre de mãos dadas com o movimento Zero Waste, o negócio opera dentro da economia circular e fecha o ciclo de toda a sua atividade eliminando a produção de resíduos no próprio local, sejam de alimentos ou qualquer tipo de embalagens. Para dar conta do recado, o Silo conta com algumas tecnologias interessantes, entre elas a de uma máquina de reciclagem de vidro, na qual todas as garrafas, copos ou objetos de vidro podem ser triturados – a partir disso, eles produzem outro objeto utilizado no espaço, como por exemplo as tigelas do restaurante. Um sonho de circularidade local!

Por falar nisso, o restaurante também tem o localismo (o que vem de local) em suas **raízes**, articulando uma rede de agricultores para o fornecimento dos insumos alimentares do espaço. Além de serem produtores locais, eles estão fortemente conectados com o movimento da agricultura limpa, livre de pesticidas, com sistemas de plantio permaculturais e primam 100% por alimentos não processados – "um sistema alimentar pré-industrial"[84]. Tudo é produzido por lá, do pão ao vinagre, leites vegetais, kombuchas. O que é entregue ao espaço é feito totalmente de forma circular, com devolução e reutilização das embalagens por parte dos fornecedores.

O pouco que não é produzido no local ou o que não vem dos agricultores e produtores locais chega ao restaurante por navio, uma opção que Douglas acredita ser de menor impacto que outras, como o avião.

"Escolhemos trabalhar assim para entregar comida natural deliciosa, demonstrando que o negócio de alimentação sustentável é financeiramente viável. Assim, podemos incentivar o crescimento de outros negócios sem resíduos através da colaboração, mas também simplesmente demonstrando que é possível e funciona"[85], explica o chef no site.

Esse cuidado originário com os alimentos também está expresso em toda a montagem do restaurante. Todos os móveis foram criados dentro do terceiro R do movimento Zero Waste, reutilizar, mas optando pelo *upcycling* antes mesmo de reciclar. As bancadas e tampos de mesa são feitos com sacos plásticos e antigas tábuas de cozinha de plástico, frascos de cosméticos e potes de iogurte descartados.

Todas as luminárias são feitas de *mycelium*, isso mesmo, fungos! Vale a pena ver no *QR code* essas maravilhas! As facas com cabos de plástico resgatados de dentro do famoso rio Tâmisa, louças feitas com de garrafas de vidro trituradas... estas são algumas peculiaridades que fecham o apurado ciclo do Silo.

Figura 9
Fluxo de aplicação do movimento Zero Waste

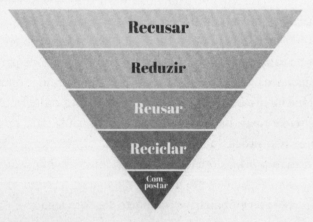

Nota: fluxo do movimento Zero Waste aplicado no restarurante Silo, isso significa que eles aplicam os 5 Rs em toda a estrutura do negócio: **recuse** o que você não precisa, **reduza** o que você consome, **reuse** o que você não pode reduzir, **recicle** o que você não puder reusar e composte o que sobrar (*rot* na língua inglesa).

Fonte: traduzido de Johnson[7].

No **tronco** do restaurante está o próprio espaço físico, hoje localizado em Londres, e seus equipamentos próprios, como o moinho de farinha, a composteira elétrica, o sistema de vendas e estoque.

Como o Silo reduz impacto ambiental?
- Toda a construção e montagem do espaço físico (bancadas, mesas, luminárias, cadeiras etc.) foram pensadas e executadas a partir do *upcycling* e da reutilização de materiais não-virgens;
- os insumos alimentares usados no restaurante são majoritariamente locais, reduzindo a pegada de CO_2 de maneira geral;
- 100% das embalagens utilizadas pelo Silo são circulares e reutilizáveis, funcionando no sistema de refil pelos fornecedores e eliminando embalagens derivadas da atividade;
- alimentos livres de pesticidas e fertilizantes reduzem a contaminação dos corpos d'água e não degradam a saúde humana e a biodiversidade;
- a produção no próprio restaurante de leites, farinhas, cervejas, vinagres e outros produtos reduz a necessidade de estocagem de alimentos e o desperdício de alimentos;
- promove uma alimentação mais fresca e reduz a pegada ecológica de forma geral.

Como o Silo amplia impacto social positivo?
- Todos os insumos e alimentos locais orgânicos impulsionam o acesso direto a alimentos sem processamento industrial gerando mais saúde para as pessoas;
- uma rede local de agricultores, fornecedores e produtores articulados em diversos negócios promove a economia socio-local.

Como o Silo provoca mudanças de hábito?
- O restaurante reúne em seu espaço diversas formas de incitar mudanças de hábito – consumir alimentos locais e 100% utilizados como insumos para a produção de seus pratos;
- mudança do consumo global para um consumo local;
- alimentos zero processados industrialmente.

- consumo de alimentos da época, estimulando o calendário sazonal de alimentos locais.

Como o Silo constrói uma comunidade engajada?
- Estimulando as pessoas a repensarem seus hábitos alimentares;
- criando formas concretas de operação de um restaurante que aplica economia circular fechando os ciclos do espaço;
- na internet, divulgando suas descobertas, práticas e negócios que somam a sua iniciativa.

Como o Silo provoca mudança sociotécnica?
- Produzindo formas completamente fora da lógica do desperdício de alimentos da indústria, incentivando o menor consumo;
- desafiando o *status quo* da indústria de alimentos processados, mostrando que um negócio nestes moldes não só é possível, como também viável do ponto de vista econômico e social.

Silo
Semente:
O 1º restaurante zero waste do mundo

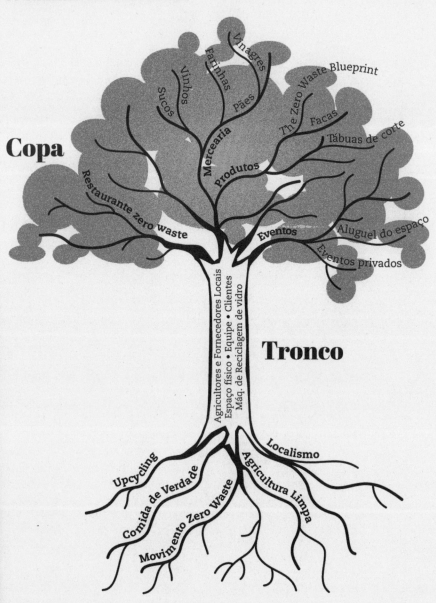

LÍVIA HUMAIRE • 161

7. HORA DE EMPREENDER ECOLOGICAMENTE: EXEMPLOS PRÁTICOS DE QUEM JÁ CONSEGUIU COLOCAR SUAS IDEIAS EM MOVIMENTO

Desde que saí do Brasil com o desenho da Árvore Produto-lógica na cabeça, eu tinha a intenção de acompanhar e, na medida do possível, ajudar a desenvolver os inúmeros negócios eco-lógicos que começavam a brotar pelo país. Era muito bonito ver os empreendedores dispostos a fazer parte de uma economia regenerativa e verdadeiramente interessados em gerar o menor impacto possível na natureza. Lá atrás, quando fundei a Mapeei, em 2018, e comecei a falar com diversos fornecedores, o desafio era justamente trabalhar em conjunto e com o mesmo objetivo.

Durante o ano de *lockdown* mais restrito (2020), ainda em fase de adaptação na Suíça, desenvolvi o curso "Formação em Negócios Eco-lógicos" com base na ferramenta da Árvore. A partir de 2021, para minha felicidade, as turmas foram sendo rapidamente preenchidas. Desde então, a satisfação em compartilhar ideias e estudos com essa galera tem sido imensa. Aula após aula, mesmo pela tela, é possível ver esses microempreendedores com brilho nos olhos. Eles estão criando processos, produtos e modelos de negócios que promovem transições verdadeiras. Não são perfeitos, mas muito comprometidos em mudar a lógica de como podemos estruturar novos negócios.

Selecionei alguns alunos que já conseguiram tirar suas ideias do papel, entre dezenas de outros bons exemplos. Os *cases* dos alunos são negócios muito recentes e com um potencial imenso pela frente. Neles, é possível entrar em contato com as primeiras estruturas da modelagem, na fase de plantio da semente, e entender como esses negócios estão cuidando de cada detalhe de seus solos, raízes, sementes, troncos, caules, galhos e frutos. São amostras de que é possível sonhar, transformar e realizar outros modos de viver. Acompanhe a trajetória desses empreendedores, compartilhe e incentive suas ideias. Assim, fortalecemos a rede e criamos possibilidades melhores e mais eco-lógicas para o futuro que precisamos construir juntos. A Terra agradece.

7.1. Saravá Sustentável
Política e natureza de mãos dadas

Quando era estudante de Engenharia Ambiental, Laís Lage dos Santos já se envolvia em atividades socioeducativas, feiras e atos políticos, mas ainda sentia falta de ações ecológicas mais práticas em seu próprio dia a dia. Em 2016, a soteropolitana iniciou uma pesquisa sobre o movimento Zero Waste, já forte fora do Brasil, mas ainda pouco divulgado por aqui. Aos poucos, começou a mudar seus hábitos de consumo e de geração de lixo.

Dois anos depois, Laís conheceu iniciativas de desperdício zero no eixo Sul-Sudeste do Brasil, como a Mapeei e outras que vieram na sequência. "Fiquei inspirada e queria muito que uma loja desse tipo fosse criada no Nordeste. Nós aqui não tínhamos opções e o frete dos produtos sempre foi muito caro", conta Laís, aos 32 anos, hoje empreendedora da Saravá Sustentável, loja *social-commerce* de Salvador voltada a disseminar o conceito do desperdício zero e também focada no localismo, a valorização de recursos da região.

Esses pilares formam a base da árvore escolhida por ela durante o curso, a *moringa oleifera*, popularmente conhecida como moringa. Essa espécie tem um crescimento rápido e é considerada repleta de vitaminas. "É uma árvore que admiro, tenho em casa e costumo usar suas folhas na comida e para fazer chás. É uma planta que se ramifica bastante, adora sol, é alta e protege as árvores menores que não suportam tanto o sol. A moringa é bem metafórica e poética pra mim porque ela simboliza proteção, doação, suporte, alimento e tem base forte por conta de suas raízes profundas", explica Laís.

A empreendedora conta que, durante o processo de desenvolvimento da Saravá, escolheu priorizar o trabalho de artesãos locais, mas aprendeu que investir em comunidades mais distantes também faz parte dessa valorização. Laís também comercializa itens de produtores de outros estados, como Amazonas e São Paulo. Esse segundo tipo de localismo, baseado em apoiar iniciativas mais distantes de sua região, é muito válido quando produtores e/ou artesãos precisam de suporte para permanecer em suas terras e para dar continuidade às atividades. Esse movimento está na raiz da empresa dela e é muito coerente com toda a proposta da Saravá.

Laís lembra que, na capital baiana, o movimento mais próximo de negócios eco-lógicos que conhecia em 2018 era a Feira Vegana, voltada à alimentação. Convidada a participar, falou "eu vou no mês que vem!" e foi mesmo, aproveitando o último salário como estagiária de educação ambiental para investir em canudos de inox comprados em São Paulo. "Uma amiga minha costurou os estojinhos e lá fomos nós. Eu precisava ver se haveria aceitação por parte dos consumidores, e vi que tinha. No outro mês, resolvi participar com mais produtos, fui testando aos poucos comigo e com minha família. Estive na feira por três meses, até que veio a pandemia [de Covid-19]. Foi quando comecei a vender pelo Instagram e pelo Whatsapp", diz.

Em 2021, Laís participou da primeira turma da "Formação em Negócios Eco-lógicos". "Eu não sabia nada sobre empreender, tinha experiência zero em comércio. Aprendi a lidar também com a parte burocrática, desde a procura de um profissional de contabilidade até o gerenciamento de um sistema de gestão e a precificação dos produtos", lembra.

Laís conta que foi essencial compreender seu negócio também como um ato político. "Eu já seguia e praticava alguns movimentos, mas não dava nome a eles, ficavam dispersos na minha cabeça. Hoje sei que somos uma loja focada em desperdício zero, localismo e sustentabilidade, e isso nos dá ainda mais força e identidade". Saber exatamente quais movimentos o negócio deseja amplificar traz clareza para estruturar a curadoria de produtos e serviços oferecidos, que estão na copa da árvore. Isso coloca o empreendedor em contato direto com os valores que serão comunicados, sempre com o objetivo de conectar e ativar a comunidade, os clientes e as ações que o negócio irá promover.

Além de uma linha de produtos *zero waste*, a idealizadora da Saravá Sustentável tem orgulho em trabalhar com produtos como os absorventes ecológicos. Para ela, oferecer soluções menstruais reutilizáveis está entre as frentes da loja que mais traz satisfação. "É muito legal ver que as mulheres gostam muito dos produtos e, aos poucos, os substituem. A gente aprende durante a vida a não falar sobre menstruação, a usar as mesmas coisas que todo mundo usa. Poder sair desse ciclo é maravilhoso! Tudo o que eu vendo aqui hoje é o que eu indico, porque já testei comigo mesma". Laís também oferece uma espécie de consultoria a todas as pessoas que gostariam de usar coletores menstruais e não sabem por onde começar.

A Saravá também trabalha com uma linha inteira de produtos de bambu desenvolvida em parceria com artesãos locais. Juntos, eles criaram saboneteiras, porta-escovas, limpadores de ouvido, escovas de dente e de cabelo, pentes-garfo, talheres e outros. Nesse caso, Laís associa dois movimentos, o desperdício zero e o localismo, ambos presentes em sua raiz. É importante ressaltar como eles se combinam e ao mesmo tempo modelam o sistema de valores socioecológicos do negócio. Essa associação gera um melhor desenvolvimento da copa de sua árvore, com categorizações eco-inovativas desde a estrutura, como a entrada de novas parcerias (tronco), até a própria raiz que se desenvolve com novos produtos locais.

Há também os produtos oriundos de redes de pesca resgatadas da natureza e que são tratadas e tinturadas para virar *ecobags*, saquinhos de compras a granel, esfregões, bolsas e outros, todos desenvolvidos pela artista plástica Nara Guichon, de quem já falei aqui no livro.

Laís atualmente está se dedicando à pesquisa de economias alternativas. "Estou apaixonada em conhecer mais sobre os direitos da natureza, racismo ambiental, ecossocialismo... Tudo isso expande o nosso olhar", finaliza.

Como a Saravá reduz impacto ambiental?
- Venda de produtos mais ecológicos e reutilizáveis em substituição aos que contém plástico ou de uso único, como os absorventes;
- por meio da educação ambiental nas redes sociais, o que inclui notícias ambientais e legislação;
- no *e-commerce* da loja, tanto as entregas para os clientes quanto as mercadorias que chegam ao negócio são livres de plástico;
- por meio do eco-*design*: desenvolvimento de novos produtos feitos com bambu, que substituem produtos de plástico, como escovas, pentes etc., geralmente importados.

Como a Saravá amplia o impacto social positivo?
- Com o desenvolvimento de uma rede de fornecedores, produtores e artesãos locais, e a ativação dessa economia.

Como a Saravá provoca mudanças de hábito?
- Todos os produtos comercializados incentivam mudanças de hábito no consumo, retirando o plástico de uso único de produtos do dia a dia;
- substituições simples do cotidiano por produtos duráveis, reutilizáveis e recicláveis;
- a promoção do localismo altera a forma de consumo, impulsionando a difusão da cadeia produtiva local e ativando essa economia.

Como a Saravá constrói uma comunidade engajada?
- Por meio do canal principal do negócio no Instagram, a loja promove debates, divulga trabalhos ecológicos e incentiva movimentos desperdício zero, divulgando informações e ativando engajamento nas redes;
- a educação ambiental promovida pelo negócio por meio de consultorias e feiras ativa a comunidade e as causas/movimentos do negócio.

Como a Saravá provoca mudança sociotécnica?
- Contribuindo com a retirada do plástico de uso único do cotidiano, reduzindo o descarte.

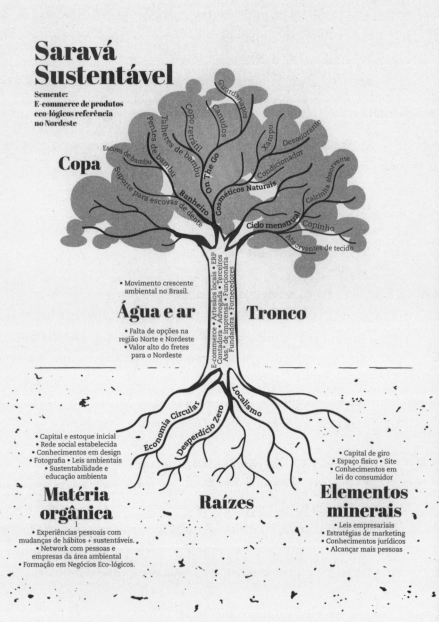

7.2. Nova Despensa
Uma loja desperdício zero em Curitiba

Em busca de montar um negócio próprio com propósito sustentável, os advogados paranaenses Renata Acosta, 31, Marina Osowski, 32, e Felipe Giovanaz, 31, se juntaram para criar a loja a granel Nova Despensa no bairro Batel, em Curitiba. Apesar dos desafios inerentes à abertura de uma loja, as sócias Renata e Marina contam que conhecer pessoas com as mesmas ideias deu coragem e segurança no caminho. "Saber que não estamos sozinhas nessa jornada e que há uma corrente de pessoas pelo Brasil e pelo mundo que pensa como nós e entende nosso propósito é muito bom", conta Marina.

As duas lembram que Curitiba tem muitas lojas a granel, mas boa parte delas ainda utiliza plástico para embalar os produtos. "É uma felicidade quando um cliente chega com seus potinhos de vidro porque sabe que aqui nós recusamos o plástico. Queremos que isso aconteça cada vez mais."

No processo de elaboração da loja, um dos passos fundamentais dos sócios e um dos mais desafiadores foi a definição dos valores com os quais iriam trabalhar, ou seja, definir quais os movimentos estariam na raiz da árvore da Nova Despensa. "É importante você esclarecer quais são os movimentos que informam e influenciam o seu negócio. Depois de muitas pesquisas, decidimos priorizar o movimento Zero Waste, seja pelo foco nas vendas a granel ou pela não utilização de embalagens plásticas", diz Renata. A loja vende mais de 300 itens para abastecer a despensa, como diversos tipos de grãos, oleaginosas, massas secas, temperos, chás, sementes e farinhas.

A aplicação da ferramenta da Árvore Produto-lógica também ajudou os novos empreendedores a enxergarem o projeto como uma ideia circular. "Para utilizar a ferramenta da árvore na prática, você precisa estar bem consciente dos sistemas de valores (movimentos sociais/raiz) nos quais quer investir e onde quer chegar com eles", fala Marina. "A metáfora da árvore, no nosso caso uma araucária, nos auxilia a entender nosso negócio e reconhecer onde estão nossas raízes". Ela, que ainda trabalha como advogada, assim como os outros sócios, conta que não quer olhar para a trajetória do empreendimento e ver que poderiam ter ido mais fundo. Nesse sentido, os três planejam uma ampliação no rol de produtos a serem comercializados, uma fase de desenvolvimento da copa, com novas ramificações e categorias que vão refletir ainda mais os movimentos que estão na raiz. "A loja vai ter em breve uma grande linha de produtos desperdício zero, como absorventes de pano, escovas de dente de bambu, esponjas vegetais, xampus em barra, garrafas, canudos de metal, potes de vidro e outros. Tudo o que for nos ajudar a ampliar o movimento Zero Waste é válido. Queremos levar a ideia do movimento pra frente e trabalhar também como um veículo de informação para as pessoas", afirma Marina.

A loja linda e cheia de propósito desses três mostra que os frutos já estão surgindo por aí.

Como a Nova Despensa reduz impacto ambiental?
- Redução dos descartes: com o trabalho de retirada do plástico de uso único da cadeia de fornecimento do negócio, inclusive trabalhando a questão junto aos fornecedores e reduzindo o desperdício à medida em que o negócio se desenvolve, um passo de cada vez;
- com a venda de granéis sem plástico por meio de reutilizáveis, como potes de vidro e sacos de tecido, ou com materiais compostáveis, como os saquinhos de papel e as pastas de amendoim feitas na hora, vendidas em potes compostáveis;
- os granéis também reduzem o desperdício de alimentos, pois permitem a compra de quantidades adaptáveis para cada pessoa e necessidade;
- com a priorização de produtos locais reduz distâncias e emissões de CO_2 e ativa a economia local.

Como a Nova Despensa amplia impacto social positivo?
- Apoiando a economia local ao impulsionar fornecedores e produtores da região à medida que o negócio se desenvolve;
- sendo um local que propõe acesso a alimentos mais saudáveis e com o objetivo da venda sem plásticos de uso único, promovendo práticas socioambientais.

Como a Nova Despensa provoca mudanças de hábito?
- Com a retirada do plástico de uso único das compras cotidianas de alimentos, reduzindo consumo e descarte;
- na redução do consumo e do desperdício de alimentos por meio do granel;
- por meio das substituições simples do dia a dia, por embalagens duráveis, reutilizáveis ou circulares.

Como a Nova Despensa constrói uma comunidade engajada?
- Com eventos sobre gestão de resíduos, compostagem e outros, sempre buscando a ideia de reaproveitamento e da correta destinação dos resíduos recicláveis e orgânicos, em desenvolvimento;
- com a implementação do projeto de logística reversa de marcas que fazem parte do catálogo do negócio, processo que está em desenvolvimento.

Como a Nova Despensa provoca mudança sociotécnica?
- Estimula toda a cadeia de fornecedores do espaço para entregar os produtos e insumos sem plástico de uso único, contribuindo com a mudança da cultura do descartável e com a promoção da economia circular, que em médio e longo prazos interfere diretamente no sistema de consumo e descarte;
- negócios que desenvolvem cadeias de fornecimento locais contribuem para a redução das emissões de CO_2 e são atuantes para a mitigação das mudanças climáticas.

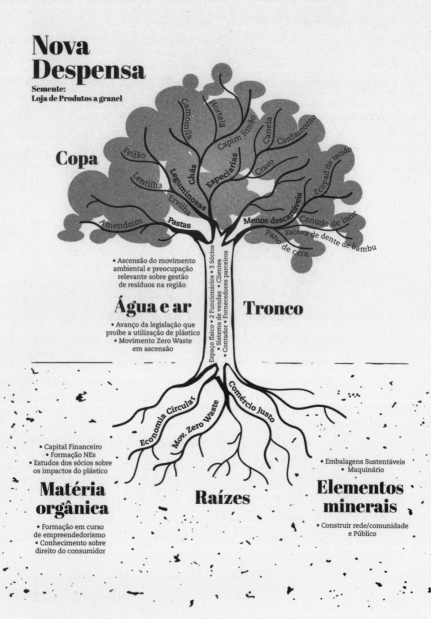

7.3. Saracura Ecofraldas
Marca gaúcha promove mudanças de hábitos em torno de um sério problema ambiental: as fraldas descartáveis

Foi por meio da prática da yoga que a vida e os hábitos da arquiteta gaúcha Camila Dias, de 37 anos, começaram a mudar de vez. Desde 2009, ela parou de comer carne, escolhe com rigor o que consome, faz compras locais, prefere alimentos orgânicos, além de usar produtos ecológicos como os cosméticos e os de limpeza. A preocupação com o lixo não demorou a surgir. "Comecei a pesquisar a temática quando não tinha nem com quem conversar sobre o assunto. Até que fiz um curso de desperdício zero em Porto Alegre em 2016", conta. A transformação não parou por aí. Camila leva os mesmos pensamentos para os trabalhos que faz como arquiteta, passando a executar cada vez mais projetos voltados à bioconstrução.

Como a própria casa dela, construída no município de Itaara, a 15 quilômetros de Santa Maria (RS). O projeto conta com telhado verde, composteira, tratamento de água da chuva, placas solares para aquecimento de água e rede de esgoto própria. Sim, é tipo "uau". E Camila ainda explica:

> Há formas muito simples de resolver o esgoto e acho que essa é a melhor, com cada terreno cuidando do seu e não direcionando para um lugar gigante. O sistema que uso aqui em casa, com bananeiras, é fechado. O esgoto do vaso sanitário vai para uma grande caixa impermeabilizada e preenchida com várias camadas naturais que servem como filtros. Nessa caixa, o esgoto vira adubo para as bananeiras, que são plantadas em cima desse sistema. É uma cultura muito interessante e pouco disseminada, chamada de bacia de evapotranspiração.

Quem acha que o ciclo de vida mais natural e ecológico estava de bom tamanho para ela, se engana. Em 2019, Camila fundou a marca de ecofraldas Saracura, mas a pesquisa veio dois anos antes, quando engravidou da filha Sara e percebeu que as fraldas descartáveis não teriam espaço nesse modo de vida que pensa e pratica a redução de resíduos. Começou a pesquisar em sua região pessoas que já tivessem usado ecofraldas em seus filhos. E não foi nada fácil encontrar: "Fiz uma varredura em Santa Maria e achei apenas UMA mãe. Essa moça foi uma luz, me ensinou a usar e me deu várias dicas", lembra. Mas a compra do produto mesmo só rolava na internet. Umas aqui, outras ali, ela montou o enxoval. "No meio de toda aquela loucura do puerpério, descobri que a coisa mais fácil era justamente lavar fraldas. Nunca me passou pela cabeça usar as descartáveis", completa.

As fraldas ecológicas da bebê Sara começaram a despertar a curiosidade das pessoas, que perguntavam muito sobre onde poderiam encontrar e como usar. Camila e o marido, Diego, começaram a ter vontade de propagar a ideia, mas não sabiam por onde começar. Até que ela soube de uma recém-mãe e costureira, Thaís, que havia acabado de montar uma confecção própria em Santa Maria. Foi conhecê-la pessoalmente, falou de seu interesse em montar um negócio e ofereceu ajuda para o que precisasse. "Um mês depois, ela me ligou e disse que havia passado em um concurso público. Perguntou se eu tinha interesse em ficar com tudo, de maquinários à matéria-prima." Vontade não faltava. Mas quem iria costurar, já que nem ela nem Diego sabiam? "Lembrei que minha mãe, Neuza, sempre fez muitos trabalhos manuais e era ótima nisso. Ofereci sociedade e ela topou. A Thaís nos deu um treinamento maravilhoso antes da venda". Nascia assim a Saracura Ecofraldas.

Desde a abertura, em setembro de 2019, o negócio já conseguiu aprimorar seus impactos positivos. Hoje trabalha com fornecedores mais próximos (o que diminui emissões de CO_2 e potencializa o localismo, aumentando impacto social positivo), diminuiu a produção de lixo envolvida no uso de tecidos impermeáveis e utiliza materiais com menos misturas ou até nenhuma, como um moletom 100% algodão que levou tempo até ser encontrado.

Pensando no desenvolvimento da copa, a Saracura vende também filtros de café em algodão orgânico, eco-absorventes, sacolas retornáveis, saquinhos, *ecopads* de crochê (para tirar maquiagem), entre outros produtos feitos por mulheres artesãs, fortalecendo o empreendedorismo feminino na região, aumentando impacto social positivo.

Os três sócios chegaram a participar de algumas feiras antes do início da pandemia de Covid-19, em março de 2020, mas acabaram ficando exclusivamente na internet. "Faz falta o contato ao vivo, mas eu dou uma consultoria completa para quem resolve investir nas fraldas. Além disso, temos hoje parcerias com várias lojas físicas sustentáveis em todo o país". Existe neste e em outros negócios uma dimensão educativa aparente, ressaltando um trabalho que promove mudanças reais e cumprem o terceiro fundamento dos negócios eco-lógicos, as mudanças de hábito no cotidiano das pessoas.

Camila já me seguia nas redes sociais e foi aluna da quarta turma da "Formação em Negócios Eco-lógicos" em 2021. Saiu de lá com uma ideia muito clara: ser referência e desenvolver uma fralda ecológica que, após cerca de 10 anos de uso (o que pode durar, em média, seu produto), possa ser descartada na natureza sem nenhum resíduo plástico. "É uma pesquisa árdua, porque o tecido impermeável ainda contém poliéster, de difícil reciclagem por estar misturado a outras fibras, mas estamos no caminho certo, investindo sempre nos melhores materiais".

A filha Sara, hoje com quatro anos, já desfraldou, e o seu kit de eco-fraldas já foi doado para outras crianças. Camila é semente de um hábito que chegou à casa de mais de 650 pessoas. Considerando que cada fralda ecológica equivale a 300 fraldas descartáveis, em cálculo feito pela marca, são quase 200 mil fraldas descartáveis que a Saracura impediu de chegar à natureza.

No caso da marca gaúcha, é possível ver como os fundamentos dos negócios eco-lógicos propostos aqui se conectam de forma bem integrada, com geração de impacto ambiental positivo, mudança de hábitos e engajamento da comunidade no entorno. Foi criada uma possibilidade factível de acabar com as fraldas descartáveis e seus inúmeros impactos ambientais negativos.

Como a Saracura reduz impacto ambiental?
- Com a substituição de fraldas descartáveis por fraldas reutilizáveis, diminuindo descarte em aterros sanitários e lixões; o mesmo ocorre na linha de absorventes;
- substituição de materiais híbridos na confecção dos produtos por mono materiais, diminuindo o impacto ambiental negativo durante o uso e no descarte, esse ponto em processo e avançando.

Como a Saracura amplia impacto social positivo?
- Com a articulação de redes de mulheres artesãs na fabricação de produtos da empresa;
- programa de doação e inserção de kits de fraldas para mulheres e famílias em situação de vulnerabilidade;
- redução de preços e valores gerais dos kits necessários de fraldas por criança, gerando economia para uma substituição pela opção dos reutilizáveis.

Como a Saracura provoca mudanças de hábito?
- Por meio de incentivo à redução do consumo de descartáveis de fraldas e absorventes;
- informações/consultoria à comunidade e aos seguidores para apoiar as mudanças de hábitos.

Como a Saracura constrói uma comunidade engajada?
- Inserção dos produtos e da cultura de fraldas e eco-absorventes reutilizáveis em comunidades em vulnerabilidade social;
- em feiras e ações locais que se articulam promovendo a divulgação da cultura dos reutilizáveis no cotidiano;
- divulgação e promoção de debate sobre resíduos em seus canais de comunicação.

Como a Saracura provoca mudança sociotécnica?
- Em Vanuatu, país da Oceania, a fralda descartável foi proibida. A Saracura trabalha ativamente contribuindo com práticas e ações para o crescimento desse movimento no Brasil;
- contribuindo com a promoção da cultura da reutilização e da economia circular.

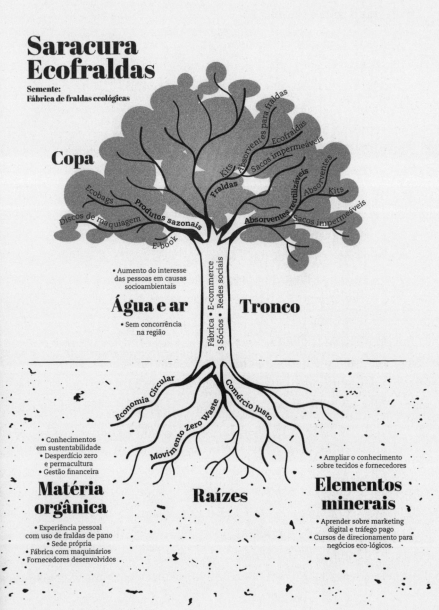

7.4. Quina Cozinha
Economia circular e alimentos orgânicos em uma cozinha conectada com o mundo

A conexão com a natureza sempre foi importante para a advogada catarinense Bruna Viegas Graziano, de 36 anos, uma das sócias da Quina Cozinha, um mercado de orgânicos com cozinha própria localizado no bairro de Jurerê, em Florianópolis, feito para quem quer abastecer a despensa com produtos naturais, artesanais e sem plástico.

Antes de abrir o negócio ecológico, Bruna não andava se sentindo completa em sua carreira como advogada. Sentia que algo a movia em direção às questões ambientais. Até que começou a fazer parte da organização da feira Nomad Mercado, evento sazonal em Florianópolis que reúne *designers*, artesãos e diversas marcas de produtos sustentáveis, onde conheceu pessoas interessadas pelas mesmas coisas que ela. Também se deparou com o Origem Natural, restaurante desperdício zero, especializado em comida funcional. Os horizontes e o interesse pela sustentabilidade começaram a se expandir cada vez mais.

Em paralelo ao trabalho como advogada no Ministério Público, Bruna se inscreveu em um curso para empreendedores no Sebrae, o Empretec, no qual todos os alunos precisavam desenvolver um produto e fazer seu programa de vendas em uma semana. Eis que uma receita que ela já tinha na manga e fazia o maior sucesso entre a família e os amigos ganhou nome e vez, a Gire Granola, feita em casa com ingredientes naturais frescos. O sucesso foi imediato: ela venceu o primeiro lugar da turma e passou a focar na marca recém-criada. "Comecei a sentir que a granola poderia ser o primeiro passo para ir saindo aos poucos da área do Direito", conta.

Deu certo. Cerca de um ano depois, após muitos desafios e questionamentos aprofundados pela pandemia de Covid-19, Bruna abandonou o trabalho como advogada. No final de 2019, ela e o marido, Bruno, começaram a procurar uma cozinha onde pudessem produzir a granola profissionalmente. "Minha ideia era começar com a granola e depois trazer outros produtos e fazer um espaço compartilhado. Nós já éramos clientes de um casal que produzia um queijo vegano à base de castanha de caju, o Lucas e a Raissa, que também estavam em busca de uma cozinha. Decidimos dividir o espaço que encontramos e viramos sócios", conta Bruna.

Além da Gire Granola e do queijo vegano Mutah, é possível encontrar ali os produtos essenciais para uma cozinha, como arroz, feijão, macarrão, farinhas, azeite e temperos artesanais. Para auxiliar na questão do não desperdício de alimentos, uma nutricionista foi contratada recentemente para manter a cozinha da Quina sempre em movimento e evitar o desperdício de alimentos, inclusive os próximos à data do vencimento. Além disso, os sócios também oferecem planos de assinatura mensais chamado Clube da Quina, nos quais os assinantes podem ter descontos nos produtos e receber os alimentos em potes de vidro – eles são reutilizados na próxima compra, incentivando a mudança de hábitos. No desenvolvimento dessa cozinha artesanal dá para perceber que essa inserção de serviços em uma das ramificações da copa é uma estratégia importante que promove redução de impacto ambiental negativo.

Na hora de escolher uma árvore para representar seu negócio, Bruna elegeu a guarapuvu, uma árvore bastante presente em Floripa e considerada símbolo da cidade. É de porte grande, cresce rápido e se adapta bem mesmo estando em meio a outras espécies – uma boa escolha para um negócio que acaba de nascer e quer respeitar o seu entorno sem abrir mão de sua proposta inovadora. Vale ressaltar que todos os itens vendidos no mercado são veganos. A Quina prioriza ingredientes orgânicos certificados sem agrotóxico e utiliza itens produzidos na região. Aqui ficam claros alguns movimentos que estão na raiz do projeto, como a economia circular, o localismo e o não desperdício.

A empreendedora conta que na região norte de Florianópolis, onde fica a mercearia-cozinha, há muito menos negócios voltados à sustentabilidade do que no sul, onde a cultura já está bem mais desenvolvida. "O pessoal aqui ainda se preocupa mais com os alimentos orgânicos, mas aos poucos estão prestando atenção às novas alternativas de negócios existentes", fala ela. A Quina foi aberta inicialmente apenas por meio de seu site e só depois inaugurou o espaço físico, em 31 de dezembro de 2021.

Além de recém-empreendedora, Bruna acabou de ter a primeira filha, Maria. Dava pra ouvir os barulhinhos dela no colo do pai enquanto a mãe dava essa entrevista. Respeitar o tempo de uma mãe, assim como o ciclo de uma árvore, é essencial para qualquer negócio eco-lógico crescer forte e saudável. Voa Quina!

Como a Quina reduz impacto ambiental?
- Alternativa para o cliente consumir produtos essenciais sem o uso de plástico (macarrão, feijão, arroz, farinhas, azeite), tudo embalado em sacos de papel *kraft* ou em vidro reutilizáveis;
- opção de refil de alguns produtos (iniciando o processo);
- nenhum produto possui lacre plástico, são todos feitos com fibras têxteis reutilizadas;
- produção de produtos artesanais comumente comercializados em plástico como pastas de castanhas, granolas e leite em pasta;
- todos os itens são veganos, priorizam ingredientes orgânicos certificados ou sem agrotóxico;
- produtos majoritariamente locais, reduzindo CO_2;
- entregas livres de plástico;
- estão iniciando o desenvolvimento de uma rede de parceiros que compartilham dos mesmos valores e desejam buscar uma forma otimizada de logística reversa para o uso de vidros.

Como a Quina amplia impacto social positivo?
- Todos os insumos e produtos são, sempre que possível, de produtores da região, fomentando a economia local;
- para as datas comemorativas, criaram um sistema de parcerias com diversas marcas artesanais locais, articulando ainda mais essa rede.

Como a Quina provoca mudanças de hábito?
- Por meio do movimento da comida de verdade, torna a substituição de alimentos industrializados por alimentos artesanais;
- eliminação do plástico de uso único no consumo de alimentos;

- operando dentro da economia circular promove o incentivo da reutilização dos vidros;
- alimentos artesanais e veganos, feitos com ingredientes locais, valorizando alimentos da época.

Como a Quina constrói uma comunidade engajada?

- Por meio do clube de assinaturas, baseado na economia de serviços, a marca cria um fluxo contínuo de trocas entre clientes e empresa, funcionando como um motor de evolução das duas partes;
- a devolução das embalagens e o refil de alimentos ativa a comunidade para participar do processo da economia circular;
- nas redes e nos canais da empresa os movimentos que a Quina tem na raiz são sempre comunicados, gerando disseminação das informações e engajamento.

Como a Quina provoca mudança sociotécnica?

- A Quina contribui para tornar o mercado convencional obsoleto, fazendo com que a comida de verdade e artesanal volte a ter espaço e importância na alimentação cotidiana e na saúde das pessoas;
- fomentar a rede local de produtores e artesãos da agroecologia e da agricultura familiar contribui e combate a produção degenerativa atual do agronegócio, fazendo uma ponte entre alimentos saudáveis, campo e cidade.

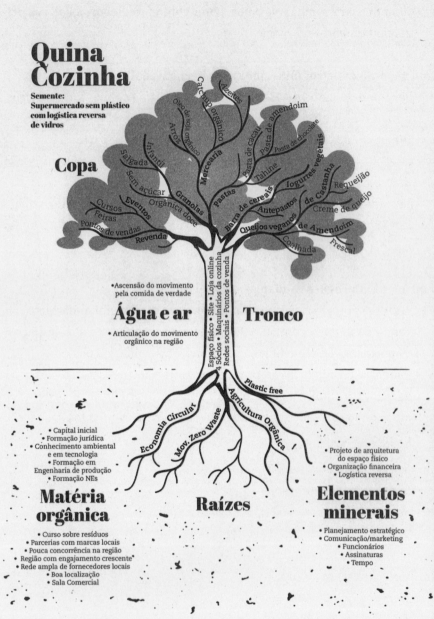

7.5. Diversa Biocosméticos
Cosmetologia natural e empreendedorismo feminino

Fundada pelas amigas de infância Joanna Lima, 46, e Danielle Mansur, 46, a Diversa Biocosméticos é um negócio eco-lógico que chegou com uma matéria orgânica bastante robusta para o ramo da cosmetologia natural, até porque este é um meio de alta burocracia em órgãos regulamentares. As duas sócias são farmacêuticas profissionais com anos de experiência no mercado de cosméticos. Também por conta do trabalho, Joanna tem grande conhecimento da legislação brasileira voltada ao ramo sanitário e sabia que, para comercializar cosméticos naturais, a regulamentação é rígida e necessária.

A saída encontrada pelas amigas cariocas para produzir cosméticos limpos, naturais e veganos foi terceirizar a produção em dois laboratórios, um em São Paulo (SP) e outro em Juiz de Fora (MG). "Sempre fiz alguns produtos em casa e eventualmente vendia para amigos e familiares, mas nunca investi a fundo justamente por saber que a lei não permite o artesanal feito em casa. Outra opção que não a regulamentação, seria montarmos um laboratório próprio, mas as burocracias são enormes", conta Joanna. As sócias fizeram uma pesquisa de fábricas que topariam seguir seus procedimentos de trabalho. "No caso do nosso sabonete, ele precisa ficar cerca de 30 dias curando, um processo antigo e artesanal chamado *cold process*. Muitos lugares não querem ficar com seu material parado por tanto tempo, até que achamos um que topou", completa. Dentro da lógica de mercado capitalista, uma leva de sabonetes secando naturalmente é impensável. Seria preciso criar muita demanda e consciência nas pessoas, além de processos para que exista a possibilidade de uma transformação nesse nível.

As duas sempre trabalharam em empregos registrados em carteira (CLT) como farmacêuticas e pediram as contas para tocar a Diversa. Era o momento delas, que vieram preparando a saída como quem cultiva o solo para o plantio de uma árvore. "Foi um ano e pouco de planejamento, estudos e cursos e agora o nosso negócio está com seis meses de vida", comentou Joanna.

Para iniciar a marca, elas desenvolveram uma linha de cosméticos em barra que contém dois xampus, um condicionador e um sabonete, todos sem o uso de água na fabricação e embalados sem plástico, diminuindo radical mente o impacto ambiental negativo da produção. Agora uma nova receita de desodorante acaba de ser lançada. Aos poucos, as sócias estão no processo de desenvolvimento da copa, ampliando variedades e categorias. As duas quebraram a cabeça para entregar o produto com o mínimo possível de plástico, assim como os outros da marca, a tampa do vidrinho do desodorante contém uma rosca de plástico para evitar vazamentos no transporte. "Foi o máximo que conseguimos até agora. Não dá pra ter o esquema perfeito de uma hora para outra, ainda mais em um ambiente completamente deturpado como o que vivemos. Mas estamos na luta", reflete Joanna. O próximo produto, já em desenvolvimento, é um desodorante em bastão.

Sempre que vejo nos alunos essa garra em correr atrás de mudanças nos produtos, enxergo minha própria trajetória, na qual busco ir sempre mais fundo para conseguir alterar um processo. Essa pequena parte de plástico a que Joanna se refere, um tipo de hostiazinha que fica na tampa de alguns produtos, é difícil de ser substituída – sem elas, o conteúdo costuma vazar. As sócias estão em busca de alternativas, o que representa muita dedicação para mudar a forma como as coisas são feitas, criar processos e trabalhar junto a fornecedores e produtores.

A Diversa também conta com alguns acessórios para um banheiro sem plástico, como a saboneteira e o porta-escovas, ambos envernizados com óleo vegetal. Para chegar nessa solução, as duas pesquisaram muitos fornecedores, até porque não queriam usar produtos tóxicos no processo de finalização. Aliás, a maioria dos produtos feitos de bambu encontrados no mercado contém verniz tóxico. Ou seja, olha o nível de detalhe dessas mulheres maravilhosas! Uma busca longa, mas que valeu a pena.

Entre os outros acessórios estão esponjas vegetais costuradas com linhas de algodão puro, espátula de bambu para desodorante, escova dental e saquinhos diversos. "Fazemos tudo de forma a fortalecer o empreendedorismo feminino e a mão de obra artesanal. O negócio ecológico também tem esse propósito educativo. Queremos mostrar aos clientes que todas as etapas são fundamentais", finaliza Joanna.

Como a Diversa Biocosméticos reduz impacto ambiental?
- Desenvolvendo formulações preferencialmente sólidas, sem água na composição, o que reduz a pegada hídrica dos produtos;
- produtos livres de ingredientes tóxicos para o ambiente e a saúde humana;
- as embalagens para os produtos sólidos são feitas de papel reciclado e são 100% recicláveis ou compostáveis;
- para o desodorante, a embalagem é de vidro, que é reutilizável ou infinitamente reciclável;
- os acessórios de bambu da marca são impermeabilizados com óleo vegetal biodegradável, sem verniz tóxico;
- redução de consumo com cosméticos multifuncionais;
- todos os produtos são veganos.

Como a Diversa Biocosméticos amplia impacto social positivo?
- Priorizando parcerias com pequenos empreendimentos femininos e ecológicos;
- com o uso de insumos da agricultura familiar e de empreendimentos periféricos, fora do eixo convencional de negócios, dessa forma contribui para a distribuição de renda.

Como a Diversa Biocosméticos provoca mudanças de hábito?
- A mudança de cosméticos convencionais para os sólidos, mais limpos, naturais e sem embalagens plásticas;
- cosméticos naturais em geral são multifuncionais, ou seja, você substitui vários produtos por um que tem múltiplas funções, mudando a maneira e a forma de consumo.

Como a Diversa Biocosméticos constrói uma comunidade engajada?
- Por meio da educação ambiental sobre o uso de cosméticos limpos em oposição aos convencionais;
- articulação e prática junto a rede de cosmetologia natural e limpa que existe no Brasil.

Como a Diversa Biocosméticos provoca mudança sociotécnica?
- Contribui diretamente para a mudança na forma como os cosméticos são produzidos convencionalmente de forma agressiva com prejuízos para a saúde humana e ambiente;
- mudança direta na forma de embalar cosméticos, sem plásticos, contribuindo para redução do descarte.

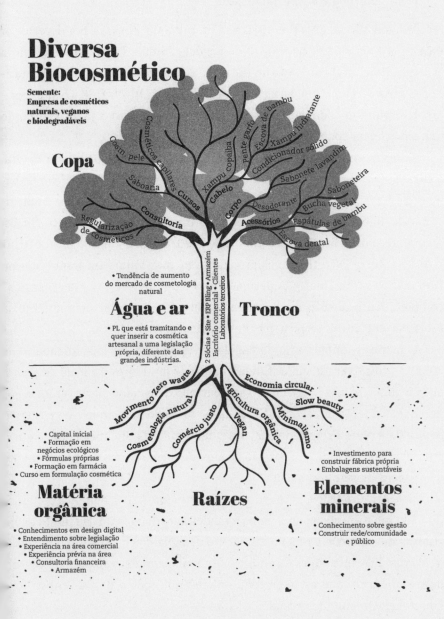

7.6. Alma e Terra
Uma mercearia ecológica focada em economia regenerativa, permacultura e desperdício zero

Mão na massa. Essa premissa está literalmente por trás, por dentro, por fora e por toda a parte no projeto do negócio Alma e Terra, uma mercearia ecológica localizada na Praia do Rosa (SC), bioconstruída pelo casal catarinense Sinara Lopes Gonçalves, 30, e Jean Ranieri Oliveira, 30. Os dois realmente ergueram cada canto do espaço com suas próprias mãos utilizando materiais de baixo impacto ambiental.

Antes de montar a loja, que fica a 200 metros da Lagoa de Ibiraquera, o casal passou uma temporada de dois anos em Portugal, onde Jean trabalhou com agricultura familiar e permacultura. Foi lá que os dois intensificaram os hábitos ligados ao consumo de produtos orgânicos e ecológicos. "Voltamos para o Brasil em setembro de 2020 já com a ideia de bioconstruir a Alma e Terra. Não tínhamos prática nisso, mas fomos em frente mesmo com medo", conta Sinara. "A permacultura é um divisor de águas para nós" completa Jean, que é formado em Engenharia Civil, mas há tempos pesquisa sobre agricultura sintrópica, bioconstrução e permacultura.

O plano realmente saiu do papel com a abertura da loja em janeiro de 2022. Os dois tiveram ajudas fundamentais de familiares – a irmã de Sinara entrou com a planta baixa do projeto, o irmão dela com a parte elétrica e os pais com a doação do terreno. Nesse caso, traçando um paralelo com a ferramenta da Árvore Produto-lógica, havia uma matéria orgânica (tudo o que o empreendedor já tem a disposição de alguma forma para o desenvolvimento do negócio) bastante robusta.

Na estrutura física, foram usados basicamente barro, bambu a pique colhido de um terreno vizinho, palha e madeira de demolição. Há também um sistema de captação e reaproveitamento de água da chuva e um teto verde feito com diferentes tipos de plantas. Aqui, o movimento da permacultura e da economia circular estão presentes na raiz do negócio, desde a construção do estabelecimento comercial.

O resultado é uma loja literalmente circular, que conversa com a natureza e está de portas abertas para ela. São 33 metros quadrados onde possível encontrar alimentos a granel, produtos locais, orgânicos, ítens de limpeza, higiene pessoal e biocosméticos, perfazendo uma copa típica de loja desperdício zero, com bastante ramificações, volume e variedade de produtos.

Sinara contou que a primeira mercearia da região foi de seus avós:

> Não tinha energia elétrica nem ponte para chegar aqui. Tanto as pessoas quanto os produtos eram transportados de canoa, exceto os que já eram produzidos do lado de cá da ponte. Minha avó, hoje com 97 anos, me conta como eram as coisas sem plástico, armazenadas em caixotes. Perdemos o hábito de comprar a granel, algo tão comum antigamente. A Alma e Terra também é um resgate de raízes culturais.

A ideia do casal também é fazer uma abordagem eco-educativa na região, fazendo com que os novos consumidores percebam e valorizem os produtos ecológicos vendidos ali. "Não estamos vendendo qualquer coisa. Queremos fazer as pessoas entenderem o processo desses itens até eles chegarem à prateleira. E quando as pessoas entendem, elas querem mesmo apoiar", fala Jean. Esse processo educativo faz referência ao terceiro e ao quarto fundamentos da construção de um negócio eco-lógico, que são, respectivamente, promover mudanças de hábitos e a formação de uma comunidade engajada – o casal também faz parte de um Conselho Comunitário da região. A aplicação dos conceitos nesse projeto é mais do que visível, uma vez que articula mudanças de hábitos reais em torno de uma ou mais causas que a empresa defende.

Da mesma forma, a ideologia sociopolítica por trás do projeto todo está intimamente ligada ao que está na raiz dessa árvore. "Nosso negócio não pretende apenas vender produtos. Nós lutamos por conscientizar as pessoas do impacto que elas causam. Lutamos por uma política que valorize esse tipo de comércio. Mas também não adianta a pessoa investir em produtos ecológicos incríveis e votar em políticos que lutam pelo contrário", sinaliza Jean.

Ele mesmo monta as cestas de alimentos orgânicos vendidas semanalmente e que podem ser entregues em domicílio. Aliás, toda terça-feira fazem o "dia da partilha", quando colhem alimentos orgânicos do terreno dos pais de Sinara e deixam na loja para quem quiser levar, e incentivam que os produtores locais também compartilhem ali seus excedentes. "Quanto mais negócios assim surgirem pelo mundo, mais a gente vai se fortalecer e crescer em parceria. É o que o planeta precisa agora", finaliza Sinara.

Como a Alma e Terra reduz impacto ambiental?
- Todo o espaço físico da Alma e Terra (estrutura do tronco) foi bioconstruída com materiais naturais e locais, reduzindo impacto negativo da construção e CO_2;
- produtos e alimentos advindos da agricultura familiar, agroecológica orgânica e sem uso de pesticidas;
- venda de granéis, reduzindo o consumo e o desperdício de alimentos
- alimentos livres de plástico de uso único, em embalagens de vidro ou papel, ou embalagens reutilizáveis.

Como a Alma e Terra amplia impacto social positivo?
- Articulação da rede de produtores permaculturais, agroecológicos orgânicos locais e regionais, apoiando a economia local;
- estão baseados em alimentos e produtos advindos do comércio justo apoiando a distribuição de renda e melhores condições de trabalho dos agricultores e produtores locais.

Como a Alma e Terra provoca mudanças de hábito?
- Promove mudança no consumo de alimentos para granéis sem plástico;
- consumo de alimentos locais e regionais, sem veneno;
- mudança de consumo para alimentos advindos da agricultura familiar, agroecológica, permacultural e orgânica.

Como a Alma e Terra constrói uma comunidade engajada?
- Toda terça-feira ocorre a partilha de alimentos produzidos no próprio quintal permacultural da loja, convidando a comunidade para fazer o mesmo. Esse engajamento está totalmente baseado no movimento da permacultura, que é o principal do negócio;
- articulação de fornecedores e produtores locais, fomentando a economia local.

Como a Alma e Terra provoca mudança sociotécnica?
- Contribui para tornar o modelo de mercado convencional obsoleto, apoiando a compra local, com menores distâncias e com redução de consumo e desperdício de alimentos, por meio do granel;
- contribui para a redução e mudança da cultura dos descartáveis;
- fomenta a rede local de produtores e artesãos da agroecologia e da agricultura familiar contribuindo e combatendo a produção degenerativa atual do agronegócio e apoiando a economia local.

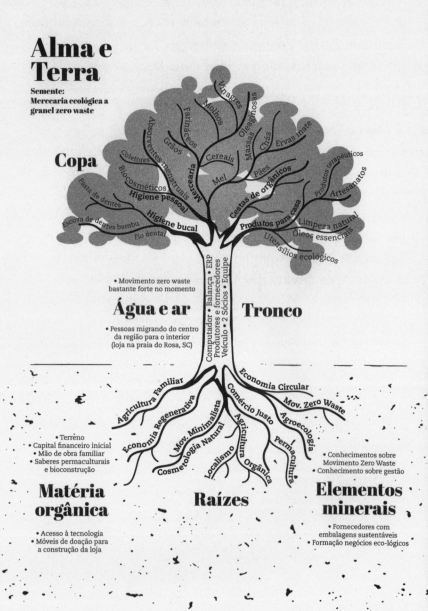

CONSIDERAÇÕES FINAIS

Espero que a leitura deste livro tenha contribuído com sua visão sobre negócios eco-lógicos e tenha oferecido razões para apoiar, comprar e se aproximar de projetos que estão lutando para mudar a lógica do consumo voraz e do consequente descarte no ambiente. Quando apoiamos de diversas formas um negócio desses, que internaliza questões sociais e ambientais em sua estrutura, apoiamos muito mais do que um CNPJ e podemos impulsionar transformações e transições eco-lógicas junto com eles.

Em diversos momentos do livro, aponto que não apenas essas ideias são capazes de provocar a grande e necessária transição global que precisamos construir ainda nesta década. Nesse sentido, proponho que você amplie o seu olhar e procure iniciativas diversas que estão na mesma toada, às vezes bem próximas – projetos no seu bairro, na escola de seus filhos, no condomínio, na subprefeitura de sua cidade e muitas outras que precisam de mais braços, mentes e corações dispostos para fazer acontecer.

O importante é nunca perdermos do horizonte a necessidade de **coletivizar** nossas lutas. Em bolhas estamos sós! Precisamos de tribos, grupos inteiros. A crise ecológica pode ser minimizada se pudermos cuidar das pessoas e da Natureza abrindo mão do acúmulo e do lucro a qualquer custo. Devemos abrir espaços para novas e melhores formas de **bem viver** em sociedade para a construção de um futuro socioecológico mais justo.

ESTUDOS DE IMPACTO AMBIENTAL DO LIVRO

Ao pensar na publicação de um livro físico (lancei uma versão reduzida e digital deste em julho de 2021), eu tinha em mente o fato de não querer produzir um livro sem entender os impactos ambientais do produto. Esse tipo de análise faz parte da minha vida desde que me tornei uma adepta do movimento Zero Waste e gostaria de convidá-lo a pensar sobre isso a partir deste livro que você tem em mãos.

A Bambual Editora se colocou aberta a este meu processo desde o início e, com eles, foi possível desenhar caminhos para uma editoração que levasse em conta essas questões.

Cheguei a fazer um orçamento para um estudo de impacto ambiental deste livro. Eu gostaria de fazer uma análise do ciclo de vida do produto, mas um estudo desses custa em torno de R$ 50 mil.

Conversando com a Joanna Câmara, minha amiga e sócia-fundadora do restaurante Origem, em Floripa, ela me indicou o Thales Dantas, engenheiro ambiental que trabalha com esse tipo de estudo. Junto com ele, conseguimos elaborar um estudo sobre os potenciais impactos ambientais de um livro.

O Thales produziu o estudo a partir do levantamento de cinco indicadores, calculados para um livro tradicional, incluindo técnicas básicas e laudos fornecidos pela gráfica responsável pela impressão e pelas matérias-primas necessárias ao livro, além dos dados dos softwares utilizados. É importante dizer que a análise feita desde livro tradicional foi apenas *cradle-to-gate* ou "do berço-ao-portão", isso quer dizer que foram analisados de forma genérica **os processos de extração de recursos naturais até a produção do livro tradicional**, pronto para ir para as livrarias. Não foram incluídos no estudo o transporte, o uso e o tratamento dos resíduos **pós-consumo** deste livro.

Figura 10
Cinco indicadores calculados no estudo cradle-to-gate de um (01) livro tradicional

Nota: pegada de carbono, pegada hídrica, dimensão de terra agrícola necessária para a produção dos insumos da produção, eutrofização de água doce (emissão de potenciais agentes eutrofizantes provenientes das fases produtivas em corpos hídricos) e o uso de recursos fósseis e não renováveis.

Fonte: elaboração própria.

Contudo, o estudo do livro tradicional não me deu respostas suficientes (figura 10 e tabela 1) já que se tratava de um livro qualquer. Como não foi feito um estudo de relação com a realidade, ou seja: tudo bem, 0,349 kg CO_2 equivalente é o resultado da pegada de carbono de um livro tradicional. Mas, como isso se reflete no dia a dia de uma pessoa? O que isso significa, mesmo para um livro tradicional? E para o meu livro? Eu queria ir mais fundo na análise e ter clareza de como funcionaria o processo. Parti então para aprofundar sobre o processo de editoração e entender melhor como reduzir os impactos, reduzir a utilização de químicos e gerar menos desperdício, para daí sim publicar um livro físico, não às cegas e nem plantando árvores para compensar, pois, isso não é algo verdadeiro.

A partir dos resultados numéricos do estudo que o Thales fez, que pouquíssimas pessoas compreendem, utilizamos (eu e o Thomas, que hoje faz engenharia de energias renováveis aqui na Suíça) a linguagem computacional Python, para tangibilizar, calcular e compreendermos melhor o que isso significa no nosso dia a dia.

Por exemplo, para a pegada de carbono, entendemos que 0,349 Kg CO_2 equivalente[xliii] pode ser entendida como 2,55 % referente a emissão média brasileira per capita, por dia. Chegamos a esse resultado pesquisando qual a emissão anual de carbono equivalente do Brasil e dividimos por dias do ano. Depois achamos o resultado per capita dividido pelo número de habitantes do país.

Essas são apenas projeções dos estudos que fizemos baseados em dados oficiais de carbono equivalente do Brasil. Todos os outros resultados você pode conferir na tabela 1 a seguir.

[xliii] "Carbono equivalente é uma medida métrica utilizada para comparar as emissões de vários gases de efeito estufa baseado no potencial de aquecimento global de cada um definido na decisão 2/COP 3, ou conforme revisado subsequentemente de acordo com o artigo . O dióxido de carbono equivalente é o resultado da multiplicação das toneladas emitidas de gases de efeito estufa pelo seu potencial de aquecimento global. Por exemplo, o potencial de aquecimento global do gás metano é 21 vezes maior do que o potencial do gás carbônico (CO_2). Então, dizemos que o CO_2 equivalente do metano é igual a 21."[95]

Tabela 1
Resultados para no estudo cradle-to-gate de um livro tradicional e referências

CATEGORIA DE IMPACTO	RESULTADO	UNIDADE	VALOR DE REFERÊNCIA %
Pegada de carbono	0,349	kg $CO2_{eq}$	2,55 %[a]
Pegada hídrica	$6,381 \times 10^{-8}$	m^3	6,27 %[b]
Ocupação de terra agrícola[c]	1,853	m^2a	0,10 %[d]
Eutrofização de água doce[e]	$3,821 \times 10^{-4}$	kg P_{eq}	–
Consumo de recursos fósseis e não renováveis	0,098	kg Oil_{eq}	2,39 %[f]

[a] referente à emissão média brasileira per capita por dia.[96]
[b] referente à média mundial per capita por dia.[97]
[c] dimensão de terra agrícola necessária para produção dos insumos.
[d] referente à média per capita global.[98]
[e] emissão de potenciais agentes eutrofizantes nos corpos hídricos.
[f] referente ao consumo médio brasileiro per capita por dia.[99]

Nota: na tabela 1 a coluna "Resultados" são os números do estudo do engenheiro ambiental Thales Dantas. A coluna "Valor de Referência %" são os resultados de como calculamos as equivalências, em porcentagem para a média per capita brasileira, de cada um dos indicadores. Nas referências vocês podem encontrar as fontes oficiais de onde retiramos os dados para chegar aos valores.

Fonte: elaboração própria.

Aprofundei as pesquisas sobre editoração sustentável e achei alguns caminhos sobre editoriais mais ecológicos na Alemanha. Encontrei também algumas informações importantes em um livro digital compartilhado por uma ex-aluna, em 2012, chamado A (verdadeira) vida dos produtos[93], com 12 ciclos de vida de produtos diferentes, um deles o do livro impresso.

Um projeto em especial me guiou sobre escolhas melhores, o **Publicação Sustentável – Novos Padrões Ambientais para a Indústria Editorial** um trabalho que envolve múltiplos atores, como a editora Oekom, o Instituto de Pesquisa Energética e Ambiental de Heidelberg (IFEU), o Instituto de Pesquisa Econômica Ecológica (IÖW), a Agência Federal do Meio Ambiente e a Feira do Livro de Frankfurt. O estudo está disponível gratuitamente em no site da editora Oekom (no *QR code* desta página, você poderá acessar mais informações sobre esta publicação e o importante trabalho para editorias mais ecológicas).

Debruçada sobre esses documentos, alguns artigos, livros e processos de análises de livro, e também na linguagem computacional Python, tracei um plano de ação para conseguir reduzir ao máximo os impactos ambientais negativos do livro, dentro das condições existentes no Brasil. "Poucos editores conhecem a pegada ecológica de seus próprios produtos – embora a indústria de papel seja o quinto maior consumidor de energia do mundo".[94]

A seguir, meus critérios e estudos sobre como reduzi o impacto ambiental para a publicação física deste livro.

Capa

A capa escolhida foi em papel *kraft*, não só pelo fato de ela ser resistente, mas também por se degradar em até dois meses caso seja descartada no ambiente natural. Este papel também não possui processos de branqueamento químico e é 100% reciclável. Não aplicamos qualquer tipo de verniz na impressão, apenas a tinta vegetal atóxica.

Papel

Conheço bem os problemas sociais e ambientais ligados à monocultura do eucalipto no Brasil. São terríveis. Aliás, qualquer modelo produtivo pautado na monocultura é fortemente contestável. Seguindo os estudos, busquei utilizar o papel que tinha o selo Forest Stewardship Council (FSC), uma certificação internacional que luta para combater o desmatamento e práticas danosas ao ambiente. Mas somente o papel com o selo não garante o processo de rastreabilidade, qualquer gráfica ou setor pode adquirir papéis com selo FSC.

Dessa maneira, busquei uma gráfica que fosse homologada pela certificação, pois é isso que garante a rastreabilidade de toda a cadeia produtiva desta edição, desde o corte da árvore necessária até a produção final dentro da gráfica, tudo de forma auditada. Dentro do livro você pode acessar esse número junto ao selo. Isso é uma garantia de origem mais responsável dos insumos florestais, e tentar trabalhar dentro desses parâmetros fortalece, por parte do setor editorial e do comprador final, o entendimento da cadeia produtiva.

Também foi escolhido o papel pólen por ter um processo que não leva aditivos de branqueamento, como no papel branco comum, sendo que o processo final químico do livro acaba reduzido, diminuindo emissões de produtos diretamente nos corpos d'água e reduzindo embalagens. "É preciso tanta energia para produzir uma tonelada de papel quanto para produzir uma tonelada de aço"[94].

Formato

O formato do livro foi escolhido de acordo com a quantidade de sobras de refilamento – aqueles restos de papéis que sobram depois do corte do livro, as aparas! O que escolhemos é o segundo tipo que menos gera tais resíduos, pois um livro que precisava trazer as árvores da modelagem precisa de um tamanho um pouco maior do que o que tem o melhor aproveitamento, para não comprometer a legibilidade. De toda forma esses resíduos de aparas são recolhidos e encaminhados para reciclagem, para fazer papel reciclado, uma maneira de fechar melhor o ciclo.

Miolo

O miolo do livro é costurado com linha 100% poliéster e a cola PUR utilizada para colar o miolo na capa. A única redução que consegui fazer aqui foi de não utilizar cola PUR em todo o miolo, reduzindo o uso deste material.

Impressão

Escolhi trabalhar apenas com uma cor, abrindo mão de imagens e fotos coloridas, o que levaria a diversas trocas de tubos de tintas e a limpeza das máquinas durante a impressão, reduzindo assim águas residuais e resíduos sólidos de embalagens das tintas. A tinta escolhida é à base de soja, isenta de óleo mineral e atóxica, o que no geral reduz a utilização de componentes fósseis e não-renováveis. Apesar de a tinta de soja ser proveniente do agronegócio, o que envolve diversos conflitos sociais e degradação ambiental, dentre as opções era a única sem óleo mineral e que tinha laudo comprobatório de tais processos.

> A tinta usada para impressão é uma mistura de óleos minerais essenciais, álcool, resinas etc. Toda a impressão envolve o uso de solventes tóxicos como o benzeno e soluções alcoólicas para limpeza de máquinas e umidificação do papel. É também um processo que exige grande consumo de energia.[93]

Depois da impressão, o livro está pronto para chegar até a editora e ser distribuído pelas livrarias, e daí vem todos os impactos negativos dos transportes rodoviários no Brasil.

Quando o livro não for mais útil para você, pode ser revendido, ir para sebos, doado para bibliotecas ou para a reciclagem, onde será triturado para virar folhas novas de papel. "Ao reciclar uma tonelada de papel são economizados 2,5 barris de petróleo, 98 mil litros de água e 2500 kw/h de energia elétrica. A produção de papel reciclado consome 2,7 vezes menos energia e 5 vezes menos água."[93]

Precisamos muito incentivar e apoiar um processo de editoração capaz de trabalhar com papéis reciclados e com processos menos agressivos ao ambiente e aos seres humanos. Trazer essas informações e aprofundar estes estudos fazem parte da minha tentativa de entregar para você uma ideia mais completa sobre um produto melhor e caminhos de nos dedicarmos a entender melhor cadeias produtivas.

Você pode acessar mais informações sobre este livro, o relatório de um livro tradicional completo, e mais indicações sobre essa pesquisa e resultados no *QR code* abaixo.

REFERÊNCIAS

1. Geels, F. W. (2011). The multi-level perspective on sustainability transitions: responses to seven criticisms. *Environmental Innovation and Societal Transitions*, *1*(1), 24-40. https://doi.org/10.1016/j.eist.2011.02.002

2. Smith, A. (2007). Translating sustainabilities between green niches and socio-technical regimes. *Technology Analysis & Strategic Management*, *19*(4), 427-450. https://doi.org/10.1080/09537320701403334

3. Swilling, M., Musango, J., & Wakeford, J. (2016). Developmental states and sustainability transitions: prospects of a just transition in South Africa. *Journal of Environmental Policy & Planning*, *18*(5), 650-672. https://doi.org/10.1080/1523908X.2015.1107716

4. Humaire, L. (2021). *Sua empresa é uma árvore: guia prático para projetar negócios ecológicos*. Ed. da Autora.

5. Gama, M. (2019, janeiro 18). Revolução dos Baldinhos vira destaque mundial em agroecologia: órgão ligado à ONU seleciona programa de SC entre 15 projetos de sustentabilidade. *Folha de S.Paulo*. https://www1.folha.uol.com.br/colunas/maragama/2019/01/revolucao-dos-baldinhos-vira-destaque-mundial-em-agroecologia.shtml

6. Prefeitura de Florianópolis. (2019). *Lei Nº 10.501, de 08 de abril de 2019. Dispõe sobre a obrigatoriedade da reciclagem de resíduos sólidos orgânicos no município de Florianópolis*. https://leismunicipais.com.br/a/sc/f/florianopolis/lei-ordinaria/2019/1051/10501/lei-ordinaria-n-10501-2019-dispoe-sobre-a-obrigatoriedade-da-reciclagem-de-residuos-solidos-organicos-no-municipio-de-florianopolis

7. Johnson, B. (2013). *Zero waste home: the ultimate guide to simplifying your life by reducing your waste*. Scribner.

8. (Quase) Zero lixo em festa infantil é possível? Sim!: conheça mãe e filha que se empenharam nessa missão. (2007, maio 18). Pais&Filhos. https://paisefilhos.uol.com.br/crianca/quase-zero-lixo-em-festa-infantil-e-possivel-sim/

9. Zero lixo: mãe e filha organizam festa de aniversário sustentável. (2017, maio 11). *Lunetas*. https://lunetas.com.br/festa-sem-lixo/

10. Abrelpe. (2021). *Panorama dos resíduos sólidos no Brasil 2021*. Abrelpe.

11. Jornada Zero Waste. (2017, August 24). *Uma tour #zerowaste: em julho de 2017... Medium*. https://nowaste.medium.com/uma-tour-zerowaste-b2ce5415e70a

12. Humaire, L. (2020). *Guia de entrega sem plástico para empreendedores ecológicos*. Transições Ecológicas.

13. Humaire, L. (2019, dezembro 12). Por que Bruno Covas deve sancionar a lei dos descartáveis?: Projeto aprovado proíbe plásticos em bares, hotéis e restaurantes. *Folha de S.Paulo*. https://www1.folha.uol.com.br/opiniao/2019/12/por-que-bruno-covas-deve-sancionar-a-lei-dos-descartaveis.shtml

14. Cavalcanti, C. (2010). Concepções da economia ecológica: suas relações com a economia dominante e a economia ambiental. *Estudos Avançados*, 24(68), 53-67. https://doi.org/10.1590/S0103-40142010000100007

15. Marcus, J., Kurucz, E. C., & Colbert, B. A. (2010). Conceptions of the business-society-nature interface: implications for management scholarship. *Business & Society*, 49(3), 402-438. https://doi.org/10.1177/0007650310368827

16. Krysiak, F. C. (2006). Entropy, limits to growth, and the prospects for weak sustainability. *Ecological Economics*, 58(1), 182-191. https://doi.org/10.1016/j.ecolecon.2005.07.017

17. Associação Nacional dos Serviços Municipais de Saneamento. (2019, fevereiro 5). *Apenas 1% do lixo orgânico é reaproveitado no Brasil*. Assemae. https://assemae.org.br/noticias/item/4494-apenas-1-do-lixo-organico-e-reaproveitado-no-brasil

18. Associação Brasileira de Bares e Restaurantes. (2022). *Abrasel – Trabalho, profissionalização e investimentos pelo desenvolvimento do Brasil*. Abrasel. https://pb.abrasel.com.br/abrasel/

19. Magalhães, R. S. (2007). Habilidades sociais no mercado de leite. *Revista de Administração de Empresas*, 47(2), 15-25. https://doi.org/10.1590/S0034-75902007000200003

20. Brito, A. C. F. M., & Gonçalves-Dias, S. L. F. (2021). Como o direito brasileiro encara o greenwashing? *Revista Direito Ambiental e Sociedade*, *11*(3), 79-104.

21. NielsenIQ. (2015, October 12). *The sustainability imperative*. https://nielseniq.com/global/en/insights/analysis/2015/the-sustainability-imperative-2/

22. Grimmer, M., & Bingham, T. (2013). Company environmental performance and consumer purchase intentions. *Journal of Business Research*, *66*(10), 1945-1953. https://doi.org/10.1016/j.jbusres.2013.02.017

23. Guo, R., Tao, L., & Gao, P. (2014). The research on greenwashing brands' rebuilding strategies and mechanism of brand trust after biochemical and other pollutions. *BioTechnology: An Indian Journal*, *10*(9), 3270-3279.

24. Guo, R., Zhang, W., Wang, T., Li, C. B., & Tao, L. (2018). Timely or considered? Brand trust repair strategies and mechanism after greenwashing in China—from a legitimacy perspective. *Industrial Marketing Management*, *72*, 127-137. https://doi.org/10.1016/j.indmarman.2018.04.001

25. de Freitas Netto, S. V., Sobral, M. F. F., Ribeiro, A. R. B., & Soares, G. R. L. (2020). Concepts and forms of greenwashing: a systematic review. *Environmental Sciences Europe*, *32*(1), 19. https://doi.org/10.1186/s12302-020-0300-3

26. Pagotto, E. L. (2013). *Greenwashing: os conflitos éticos da propaganda ambiental* [Dissertação de Mestrado, Universidade de São Paulo]. Biblioteca Digital USP. https://doi.org/10.11606/D.100.2013.tde-22072013-141652

27. TerraChoice Environmental Marketing. (2007). *The six sins of greenwashing: a study of environmental claims in North American consumer markets*. University of Saskatchewan. https://sustainability.usask.ca/documents/Six_Sins_of_Greenwashing_nov2007.pdf

28. TerraChoice Environmental Marketing. (2009). *The seven sins of greenwashing: environmental claims in consumer markets*. MaP. https://www.map-testing.com/assets/files/2009-04-xx-The_Seven_Sins_of_Greenwashing_low_res.pdf

29. Blesserholt, J. (2021). *The 'sins' of greenwashing: a content analysis of greenwashing's role in the fast fashion industry* [Master's Thesis, Stockholm University]. Diva Portal. https://www.diva-portal.org/smash/get/diva2:1562569/FULLTEXT01.pdf

30. Scanlan, S. J. (2017). Framing fracking: scale-shifting and greenwashing risk in the oil and gas industry. *Local Environment*, *22*(11), 1311-1337. https://doi.org/10.1080/13549839.2017.1345877

31. Mohanty, S. (2021, February 16). *Interview: India's maiden carbon-neutral crude purchase opens door for more*. S&P Global Commodity Insights. https://www.spglobal.com/commodityinsights/en/market-insights/latest-news/coal/021621-interview-indias-maiden-carbon-neutral-crude-purchase-opens-door-for-more

32. Méo, L. C. (2019). *Greenwashing e o direito do consumidor: como prevenir (ou reprimir) o marketing ambiental ilícito*. Revista dos Tribunais.

33. Conselho Nacional de Autorregulamentação Publicitária. (2022). *Código brasileiro de autorregulamentação publicitária*. CONAR.

34. United Nations. (1998). *Kyoto Protocol to the United Nations framework convention on climate change*. UNFCCC. https://unfccc.int/resource/docs/convkp/kpeng.pdf

35. Watt, R. (2021). The fantasy of carbon offsetting. *Environmental Politics, 30*(7), 1069-1088. https://doi.org/10.1080/09644016.2021.1877063

36. Watt, R. (2021, March 12). Carbon offsets offer a fantasy of capitalism without crises. *The Conversation: Academic Rigour, Journalistic Flair*. https://theconversation.com/carbon-offsets-offer-a-fantasy-of-capitalism-without-crises-155730

37. Klein, N. (2014). *This changes everything: Capitalism vs. the Climate*. Penguin.

38. Marques, L. (2018). *Capitalismo e colapso ambiental* (3. ed.). Editora Unicamp

39. Mauna Loa Observatory. (2020). *Monthly Average Mauna Loa CO_2*. Global Monitoring Laboratory. https://gml.noaa.gov/ccgg/trends/

40. Blasing, T. J. (2016). *Recent greenhouse gas concentrations*. Carbon Dioxide Information Analysis Center. https://cdiac.ess-dive.lbl.gov/pns/current_ghg.html

41. Painel Intergovernamental sobre Mudanças Climáticas. (2018). *Aquecimento global de 1,5°C*. IPCC. https://www.ipcc.ch/site/assets/uploads/2019/07/SPM-Portuguese-version.pdf

42. Costa, A. [O Que Você Faria se Soubesse O Que Eu Sei?]. (2021). *Aula 10 - muda o sistema, não o clima (parte I)* [Vídeo]. YouTube. https://www.youtube.com/watch?v=rCLX52hC5WI

43. Lohmann, L. (2010). Uncertainty Markets and Carbon Markets: Variations on Polanyian Themes. *New Political Economy, 15*(2), 225-254. https://doi.org/10.1080/13563460903290946

44. Carbon Market Watch. (2015, November 30). *Fossil and biological carbon: a tonne is not a tonne*. https://carbonmarketwatch.org/wp-content/uploads/2015/11/Fossil-and-biological-carbon-a-tonne-is-not-a-tonne_final.pdf

45. IEA Bioenergy. (2022). *Fossil vs biogenic CO2 emissions*. https://www.ieabioenergy.com/iea-publications/faq/woodybiomass/biogenic-co2/

46. Glass, V. (2013, dezembro 19). Projetos de carbono no Acre ameaçam direito à terra: Famílias de seringais nos rio Purus e Valparaiso sofrem restrições no manejo tradicional de agricultura para que latifundiários vendam créditos de carbono. *Repórter Brasil*. https://reporterbrasil.org.br/2013/12/projetos-de-carbono-no-acre-ameacam-direito-a-terra/

47. Nações Unidas. (2015). *Adoção do Acordo de Paris*. https://brasil.un.org/sites/default/files/2020-08/Acordo-de-Paris.pdf

48. Lovell, H., & Liverman, D. (2010). Understanding carbon offset technologies. *New Political Economy, 15*(2), 255-273. https://doi.org/10.1080/13563460903548699

49. Câmara dos Deputados. (2021). *PL 528/2021. Regulamenta o Mercado Brasileiro de Redução de Emissões (MBRE), determinado pela Política Nacional de Mudança do Clima – Lei nº 12.187, de 29 de dezembro de 2009*. https://www.camara.leg.br/propostas-legislativas/2270639

50. Adaime, L. F. [Moss Earth]. (2021). *Entenda os créditos de carbono e o diferencial do MCO2 Token | MOSS.Earth* [Video]. YouTube. https://www.youtube.com/watch?v=V1Miu2uCZys

51. Mora, C., Rollins, R. L., Taladay, K., Kantar, M. B., Chock, M. K., Shimada, M., & Franklin, E. C. (2018). Bitcoin emissions alone could push global warming above 2°C. *Nature Climate Change, 8*(11), 931-933. https://doi.org/10.1038/s41558-018-0321-8

52. Niinimäki, K., Peters, G., Dahlbo, H., Perry, P., Rissanen, T., & Gwilt, A. (2020). The environmental price of fast fashion. *Nature Reviews Earth & Environment, 1*(4), 189-200. https://doi.org/10.1038/s43017-020-0039-9

53. Fernández, L. (2022, May 31). *Worldwide production volume of chemical and textile fibers from 1975 to 2020*. Statista. https://www.statista.com/statistics/263154/worldwide-production-volume-of-textile-fibers-since-1975/

54. Boucher, J., & Friot, D. (2017). *Primary microplastics in the oceans: a global evaluation of sources*. IUCN. https://doi.org/10.2305/IUCN.CH.2017.01.en

55. Textile Exchange. (2020, June 29). *2020 Preferred Fiber and Materials Market Report (PFMR) Released!* https://textileexchange.org/2020-preferred-fiber-and-materials-market-report-pfmr-released-2/

56. Instituto Fashion Revolution Brasil. (2021). *Índice de Transparência da Moda Brasil: uma análise de 50 grandes marcas e varejistas do mercado brasileiro classificadas de acordo com a quantidade de informações disponibilizadas sobre suas políticas, práticas e impactos sociais e ambientais*. https://issuu.com/fashionrevolution/docs/indicedetranparenciadamodabrasil_2021

57. Reis, Y. (2019, maio 22). O preço que pagamos pela falsa democratização da moda: Em artigo, Yamê Reis explica por que só com a redução do consumo e da produção de roupas é possível caminhar rumo à sustentabilidade. *#Colabora*. https://projetocolabora.com.br/ods12/o-preco-que-pagamos-pela-falsa-democratizacao-da-moda/

58. NASA Scientific Visualization Studio. (2015, August 10). *Garbage Patch Visualization Experiment*. https://svs.gsfc.nasa.gov/4174

59. Ragusa, A., Svelato, A., Santacroce, C., Catalano, P., Notarstefano, V., Carnevali, O., Papa, F., Rongioletti, M. C. A., Baiocco, F., Draghi, S., D'Amore, E., Rinaldo, D., Matta, M., & Giorgini, E. (2021). Plasticenta: first evidence of microplastics in human placenta. *Environment International, 146*, 106274. https://doi.org/10.1016/j.envint.2020.106274

60. Leslie, H. A., van Velzen, M. J. M., Brandsma, S. H., Vethaak, A. D., Garcia-Vallejo, J. J., & Lamoree, M. H. (2022). Discovery and quantification of plastic particle pollution in human blood. *Environment International, 163*, 107199. https://doi.org/10.1016/j.envint.2022.107199

61. Tyree, C., & Morrison, D. (2022). Contém plástico: microplástico encontrado em água engarrafada global. *ORB Media*. https://orbmedia.org/contem-plastico?locale=pt

62. Peeken, I., Primpke, S., Beyer, B., Gütermann, J., Katlein, C., Krumpen, T., Bergmann, M., Hehemann, L., & Gerdts, G. (2018). Arctic sea ice is an important temporal sink and means of transport for microplastic. *Nature Communications, 9*(1), 1505. https://doi.org/10.1038/s41467-018-03825-5

63. PlasticsEurope. (2019). *Plastics – the Facts 2019: An analysis of European plastics production, demand and waste data.* EPRO.

64. Leeson, C. (Diretor). (2015). *A plastic ocean* [Film]. Netflix.

65. European Bioplastics. (2018). *What are bioplastics?* https://www.european-bioplastics.org/bioplastics/

66. Kershaw, P. J. (2015). *Biodegradable plastics and marine litter: misconceptions, concerns and impacts on marine environments.* United Nations Environment Programme. https://wedocs.unep.org/bitstream/handle/20.500.11822/7468/-Biodegradable_Plastics_and_Marine_Litter_Misconceptions,_concerns_and_impacts_on_marine_environments-2015BiodegradablePlasticsAndMarineLitter.pdf.pdf?sequence=3&amp%3BisAllowed=

67. European Commission, & Group of Chief Scientific Advisors. (2020). *Biodegradability of Plastics in the Open Environment.* https://ec.europa.eu/info/sites/default/files/research_and_innovation/groups/sam/ec_rtd_sam-biodegradability-of-plastics.pdf

68. European Bioplastics. (2019). *Bioplastics: industry standards and labels: relevant standards and labels for bio-based and biodegradable plastics.* https://docs.european-bioplastics.org/publications/fs/EUBP_FS_Standards.pdf

69. Ellen Macarthur Foundation. (2019). *Oxo-degradable plastic packaging is not a solution to plastic pollution, and does not fit in a circular economy.* https://emf.thirdlight.com/link/kfivzcx91l81-86a71k/@/preview/1?o

70. Abiplast. (2015, abril 30). *Posicionamento da Abiplast com relação aos aditivos pró-degradantes incorporados aos materiais plásticos.* http://file.abiplast.org.br/download/links/2015/paper_abiplast_sobre_aditivos_pro_degradantes_com_correcoes_sugeridas_v.2.pdf

71. Abiplast. (2019, maio 20). *Biodegradável só na propaganda.* Associação Brasileira da Indústria do Plástico. http://www.abiplast.org.br/sala-de-imprensa/biodegradavel-so-na-propaganda/

72. Australian Standard. (2010). *Biodegradable plastics-Biodegradable plastics suitable for home composting: AS 5810-2010.* Standards Australia.

73. *TUV Austria: Bureau of Inspection & Certification (PVT.) LTD.* (2022). https://tuvat.asia/

74. Wallace, R. (2020). *Pandemia e agronegócio: doenças infecciosas, capitalismo e ciência*. Editora Elefante.

75. Bombardi, L. M. (2017). *Geografia do uso de agrotóxicos no Brasil e conexões com a União Europeia*. FFLCH-USP. https://conexaoagua.mpf.mp.br/arquivos/agrotoxicos/05-larissa-bombardi-atlas-agrotoxico-2017.pdf

76. Segev, S., Fernandes, J., & Hong, C. (2016). Is your product really green?: a content analysis to reassess green advertising. *Journal of Advertising, 45*(1), 85-93. https://doi.org/10.1080/00913367.2015.1083918

77. IUCN. (2022). *Nature-based solutions*. https://www.iucn.org/theme/nature-based-solutions

78. Nobre, A. D. (2014). *O futuro climático da Amazônia: relatório de avaliação científica*. ARA.

79. Prefeitura do Município de Cotia. (2018). *Lei Nº 2.021, de 22 de junho de 2018. Dispõe sobre a obrigatoriedade do fornecimento de canudos de papel biodegradável e/ou reciclável, individual e hermeticamente embalados com material semelhante, na forma que especifica*. https://leismunicipais.com.br/a/sp/c/cotia/lei-ordinaria/2018/202/2021/lei-ordinaria-n-2021-2018-dispoe-sobre-a-obrigatoriedade-do-fornecimento-de-canudos-de-papel-biodegradavel-e-ou-reciclavel-individual-e-hermeticamente-embalados-com-material-semelhante-na-forma-que-especifica

80. Jornal Nacional. (2018, agosto 23). Aos poucos, canudos plásticos saem de circulação pelo bem do meio ambiente: Rio foi a primeira cidade brasileira a ter uma lei proibindo o canudinho. Em São Paulo, não é proibido, mas é difícil achar canudos nas mesas. G1. https://g1.globo.com/jornal-nacional/noticia/2018/08/23/aos-poucos-canudos-plasticos-saem-de-circulacao-pelo-bem-do-meio-ambiente.ghtml

81. Lusa. (2019, novembro 6). Material de pesca representa mais de 85% do lixo de plástico no mar. *Público*.

82. Conselho Federal de Química. (2022, junho 17). *No mês da Química, entidade se unem em defesa da saúde pública*. https://cfq.org.br/noticia/no-mes-da-quimica-entidades-se-unem-em-defesa-da-saude-publica/

83. FREITAG. (2022). *From truck till bag*. https://www.freitag.ch/de/production

84. Silo. (2022). Zero waste: Silo is a restaurant designed from back to front, always with the bin in mind. https://silolondon.com/

85. Silo. (2022). *Becoming Zero Waste*. https://silolondon.com/story/

86. Instituto Pólis. (2021, setembro 29). *Obrigatoriedade da compostagem em São Paulo é aprovada na câmara dos vereadores*. https://polis.org.br/noticias/obrigatoriedade-da-compostagem-de-residuos-organicos-na-capital-paulista-e-aprovada-pela-camara-dos-vereadores/

87. The blue economy. (2022). *Reconciling ecology and economy in the service of the common good*. https://www.theblueeconomy.org/en/

88. IPAM Amazônia. (2015, novembro 5). *O que é REDD e REDD+?* https://ipam.org.br/entenda/o-que-e-redd-e-redd/

89. McDonough, W., & Braungart, M. (2002). *Cradle to cradle: remaking the way we make things*. North Point.

90. Câmara dos Deputados. (2021). *PL 7816/2017. Acrescenta parágrafo único ao art. 1º da Lei nº 6.360, de 23 de setembro de 1976, para estabelecer que a atividade de saboaria artesanal é regida pela Lei nº 13.180, de 22 de outubro de 2015 (Lei do Artesanato)*. https://www.camara.leg.br/proposicoesWeb/fichadetramitacao?idProposicao=2140451

91. World Bank Group, & United Nations. (2017). *The potential of the blue economy: Increasing Long-term Benefits of the Sustainable Use of Marine Resources for Small Island Developing States and Coastal Least Developed Countries*. https://sustainabledevelopment.un.org/content/documents/15434Blue_Economy_Jun1.pdf

92. The Upcycle Movement. (2022). *What is upcycling?* https://theupcyclemovement.com/

93. Barros, K. D. (Org.) (2021). *A (verdadeira) vida dos produtos: 12 ciclos de vida de produtos-referência ilustrados para orientar projetos de produtos sustentáveis*. Editora UFPB.

94. Oxenfarth, A. (2022). *Ideen für grüne(re) Seiten*. Oekom: Nachhaltig Publizieren. https://www.oekom.de/gruenere-seiten/c-407

95. IPAM Amazônia. (2015, novembro 5). *CO2 equivalente (CO2e)*. https://ipam.org.br/glossario/co2-equivalente-co2e/

96. Climate Watch. (2022). *Historical GHG Emissions*. https://www.climatewatchdata.org/ghg-emissions?end_year=2019&start_year=1990

97. Schynsa, J. F., Booija, M. J., & Hoekstraab, A. Y. (2017). The water footprint of wood for lumber, pulp, paper, fuel and firewood. *Advances in Water Resources* 107(2017), 490-501. https://doi.org/10.1016/j.advwatres.2017.05.013

98. The World Bank. (2022). *Arable land (hectares per person)*: 1961-2018. https://data.worldbank.org/indicator/AG.LND.ARBL.HA.PC

99. The World Bank. (2022). *Energy use (kg of oil equivalent per capita): 1960-2014*. https://data.worldbank.org/indicator/EG.USE.PCAP.KG.OE

---

* Todas as citações de obras publicadas em língua estrangeira mencionadas nesta publicaçã tiveram tradução livre da autora.

LISTA DE SIGLAS

Abiplast	Associação Brasileira da Indústria do Plástico
ABNT	Associação Brasileira de Normas Técnicas
Abrelpe	Associação Brasileira de Empresas de Limpeza Pública e Resíduos Urbanos
ACV	Análise do ciclo de vida
Anvisa	Agência Nacional de Vigilância Sanitária
CDC	Código de Defesa do Consumidor
CEBDS	Conselho Empresarial Brasileiro para o Desenvolvimento Sustentável
CLT	Consolidação das Leis do Trabalho
CNAE	Classificação Nacional de Atividades Econômicas
CNPJ	Cadastro Nacional da Pessoa Jurídica
CO_2	Dióxido de Carbono
CONAR	Conselho Nacional de Autorregulamentação Publicitária
Covid-19	*Corona Virus Disease 2019*
FSC	Forest Stewardship Concil
Idec	Instituto Brasileiro de Defesa do Consumidor
IFEU	Institut für Energie und Umweltforschung
IÖW	Institut für Ökologische Wirtschaftsforschung
IPCC	Painel Intergovernamental de Mudanças Climáticas (tradução)
MBRE	Mercado Brasileiro de Redução de Emissões
MG	Minas Gerais
NDI	Núcleo de Desenvolvimento Infantil
ONG	Organização Não Governamental

ONU	Organização das Nações Unidas
ONU-Habitat	Programa das Nações Unidas para os Assentamentos Humanos
PANCs	plantas alimentícias não convencionais
PE	Polietileno
PEFC	Endorsement of Forest Certification
PNUMA	Programa das Nações Unidas para o Meio Ambiente
Poli USP	Escola Politécnica da Universidade de São Paulo
ppm	partes por milhão
PSOL	Partido Socialismo e Liberdade
PT	Partido dos Trabalhadores
REDD	Redução de Emissões por Desmatamento e Degradação Florestal
RN	Rio Grande do Norte
RS	Rio Grande do Sul
SC	Santa Catarina
SKU	*Stock Keeping Unit*
SP	São Paulo
UFSC	Universidade Federal de Santa Catarina
UNFCCC	*United Nations Framework Convention on Climate Change*
USP	Universidade de São Paulo
VOCs	Mercado Voluntário de Carbono (tradução)
WFC	World Future Council